P2P 网络借贷平台相关法律法规及案例

互联网金融风险专项整治工作领导小组办公室　指导

中国互联网金融协会　编

责任编辑：张智慧　王雪珂
责任校对：刘　明
责任印制：丁淮宾

图书在版编目（CIP）数据

P2P 网络借贷平台相关法律法规及案例（P2P Wangluo Jiedai Pingtai Xiangguan Falü Fagui ji Anli）/中国互联网金融协会编．—北京：中国金融出版社，2016．12
ISBN 978－7－5049－8816－4

Ⅰ．①P…　Ⅱ．①中…　Ⅲ．①互联网络—应用—借贷—法规—案例—中国　Ⅳ．①D923．65

中国版本图书馆 CIP 数据核字（2016）第 285352 号

出版发行　中国金融出版社
社址　北京市丰台区益泽路 2 号
市场开发部　（010）63266347，63805472，63439533（传真）
网上书店　http：//www．chinafph．com
　　　　　（010）63286832，63365686（传真）
读者服务部　（010）66070833，62568380
邮编　100071
经销　新华书店
印刷　北京市松源印刷有限公司
尺寸　155 毫米×227 毫米
印张　6
字数　72 千
版次　2016 年 12 月第 1 版
印次　2016 年 12 月第 1 次印刷
定价　20．00 元
ISBN 978－7－5049－8816－4/F．8376

编者按

近年来，互联网技术、信息通信技术不断取得突破，推动互联网与金融快速融合，促进了金融创新，提高了金融资源配置效率，但也存在一些问题和风险隐患。互联网金融的本质仍属于金融，没有改变金融经营风险的本质属性，也没有改变金融风险的隐蔽性、传染性、广泛性和突发性。加强法律规范是防范互联网金融风险、完善互联网金融治理体系的重要手段。互联网金融作为一个新兴事物，传统的金融监管规则难免有不足之处，有待于将来立法完善补充。但这并不意味着互联网金融业务没有法律依据，更不可漠视现存的法律体系。因此，互联网金融从业者必须遵循现有的法律框架，把已有的法律法规用好，知晓法律红线，做好风险防范。

中国互联网金融协会按照“服务监管、服务行业、服务社会”的职能定位，在互联网金融风险专项整治办公室和中国银行业监督管理委员会的共同指导下，认真梳理了 P2P 网络借贷行业的法律规定，并精选了实践中的典型案例，供读者学习参考。由于篇幅有限，我们仅收录有关 P2P 网络借贷领域核心的法律规定和有代表性的部分案例，并没有涵盖全部的法律规定和案例。另外，由于部分规定出台时间较短，实践中尚未出现相关案例，广大读者若发现相关案例可联系我们。最后，因编者水平有限，编排中难免有疏漏，期待广大读者给予批评指正。

本汇编得到了北京金杜律师事务所彭亚律师团队的大力支持，他们提供了大量案例，并会同我们完成统稿、修订事宜，在此表示感谢。同时，我们也十分感谢陆金所、点融网、拍拍贷、九鼎集团、宜信、网信集团、开鑫贷等机构在本汇编修订、校对工作中提出的宝贵意见。由于本汇编具有很强的实用性和可操作性，希望能够为从业者和投资者知悉 P2P 网络借贷领域的法律风险并控制好该种风险提供参考。最后，在互联网金融市场的大变革时期，我们希望汇编可以抛砖引玉，期待更多的专家参与到互联网金融法律问题的研究活动中来，共同促进行业的规范发展。

目　　录

第一部分　概述

第二部分　平台禁止性行为的剖析与案例

第三部分　平台所涉民事责任与案例

第一部分

概　述

- 平台性质与定位
- 平台备案管理要求
- 平台制度建设要求

平台性质与定位

《中国人民银行、工业和信息化部、公安部等关于促进互联网金融健康发展的指导意见》（银发〔2015〕221号，以下简称《指导意见》）第二条第（八）款规定："个体网络借贷要坚持平台功能，为投资方和融资方提供信息交互、撮合、资信评估等中介服务。"《网络借贷信息中介机构业务活动管理暂行办法》（银监会令〔2016〕1号，以下简称《暂行办法》）第二条第二款规定："本办法所称网络借贷是指个体和个体之间通过互联网平台实现的直接借贷。个体包含自然人、法人及其他组织。网络借贷信息中介机构是指依法设立，专门从事网络借贷信息中介业务活动的金融信息公司。该类机构以互联网为主要渠道，为借款人与出借人（即贷款人）实现直接借贷提供信息搜集、信息公布、资信评估、信息交互、借贷撮合等服务。"综上可见，网贷平台的定位是撮合借款人和贷款人之间的直接交易，是信息中介而非信用中介。

《中华人民共和国合同法》第四百二十四条规定："居间合同是居间人向委托人报告订立合同的机会或者提供订立合同的媒介服务，委托人支付报酬的合同。"网络借贷平台作为信息中介的定位符合居间人的定义，性质上属于居间人。因此，网络借贷各方当事人之间的法律关系如图1所示。

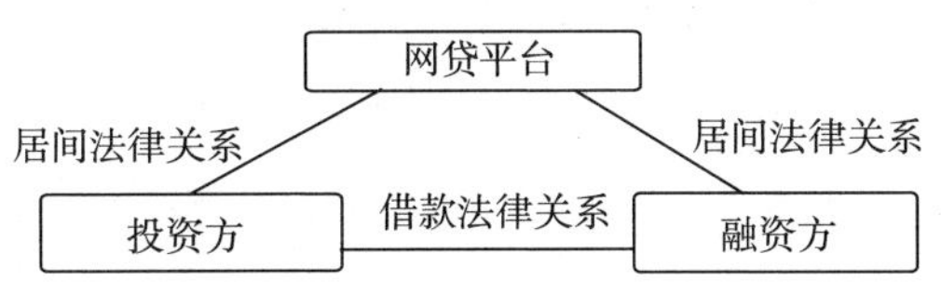

图1　网络借贷各方当事人法律关系

平台备案管理要求

《指导意见》第三条第（十三）款规定："任何组织和个人开设网站从事互联网金融业务的，除应按规定履行相关金融监管程序外，还应依法向电信主管部门履行网站备案手续，否则不得开展互联网金融业务。工业和信息化部负责对互联网金融业务涉及的电信业务进行监管，国家互联网信息办公室负责对金融信息服务、互联网信息内容等业务进行监管，两部门按职责制定相关监管细则。"

《暂行办法》第五条规定："拟开展网络借贷信息中介服务的网络借贷信息中介机构及其分支机构，应当在领取营业执照后，于10个工作日以内携带有关材料向工商登记注册地地方金融监管部门备案登记。地方金融监管部门负责为网络借贷信息中介机构办理备案登记。地方金融监管部门应当在网络借贷信息中介机构提交的备案登记材料齐备时予以受理，并在各省（区、市）规定的时限内完成备案登记手续。备案登记不构成对网络借贷信息中介机构经营能力、合规程度、资信状况的认可和评价。地方金融监管部门有权根据本办法和相关监管规则对备案登记后的网络借贷信息中介机构进行评估分类，并及时将备案登记信息及分类结果在官方网站上公示。网络借贷信息中介机构完成地方金融监管部门备案登记后，应当按照通信主管部门的相关规定申请相应的电信业务经营许可；未按规定申请电信业务经营许可的，不得开展网络借贷信息中介业务。"

平台制度建设要求

根据《指导意见》第三条及《暂行办法》第九条的规定，网贷平台应当建立相应的管理制度，切实保障消费者合法权益，维护公平竞争的市场秩序。具体而言，网贷平台应当建立并完善的制度包括但不限于：(1) 客户资金第三方存管制度；(2) 信息披露与风险提示制度；(3) 合格投资者制度；(4) 消费者权益保护制度；(5) 网络与信息安全保障制度；(6) 客户身份识别制度；(7) 金融信用信息合作机制；(8) 网络借贷业务审核机制；(9) 应急事件处理机制；(10) 协助公安、司法机关查询、冻结制度。

客户资金第三方存管制度

《指导意见》第三条第（十四）款规定："除另有规定外，从业机构应当选择符合条件的银行业金融机构作为资金存管机构，对客户资金进行管理和监督，实现客户资金与从业机构自身资金分账管理。客户资金存管账户应当接受独立审计并向客户公开审计结果。"

《暂行办法》第二十八条规定："网络借贷信息中介机构应当实行自身资金与出借人和借款人资金的隔离管理，并选择符合条件的银行业金融机构作为出借人与借款人的资金存管机构。"

《暂行办法》第三十五条规定："借款人、出借人、网络借贷信息中介机构、资金存管机构、担保人等应当签订资金存管协议，明确各自权利义务和违约责任。资金存管机构对出借人与借款人开立和使用资金账户进行管理和监督，并根据合同约定，对出借人与借款人的资金进行存管、划付、核算和监督。资金存管机构承担实名开户和履行合同约定及借贷交易指令表面一致性的形式审核责任，但不承担融资项目及借贷交易信息真实性的实质审核责任。资金存管机构应当按照网络借贷有关监管规定报送数据信息并依法接受相关监督管理。”

根据上述规定，网贷平台应当建立客户资金第三方存管制度，而且应当选择符合条件的银行业金融机构作为存管机构。同时应当实行自身资金与出借人和借款人资金的隔离管理。

信息披露与风险提示制度

《指导意见》第三条第（十五）款规定：“从业机构应当对客户进行充分的信息披露，及时向投资者公布其经营活动和财务状况的相关信息，以便投资者充分了解从业机构运作状况，促使从业机构稳健经营和控制风险。从业机构应当向各参与方详细说明交易模式、参与方的权利和义务，并进行充分的风险提示。”

《暂行办法》第九条第四款规定：“持续开展网络借贷知识普及和风险教育活动，加强信息披露工作，引导出借人以小额分散的方式参与网络借贷，确保出借人充分知悉借贷风险。”

《暂行办法》第二十六条第一款规定：“网络借贷信息中介机构应当向出借人以醒目方式提示网络借贷风险和禁止性行为，并经出借人确认。”

《暂行办法》第三十条规定：“网络借贷信息中介机构应当在其官方网站上向出借人充分披露借款人基本情况、融资项目基本信息、风险评估及可能产生的风险结果、已撮合未到期融资项目资金运用情况等有关信息。披露内容应符合法律法规关于国家秘密、商业秘密、个人隐私的有关规定。"

《暂行办法》第三十一条规定："网络借贷信息中介机构应当及时在其官方网站显著位置披露本机构所撮合借贷项目等经营管理信息。网络借贷信息中介机构应当在其官方网站上建立业务活动经营管理信息披露专栏，定期以公告形式向公众披露年度报告、法律法规、网络借贷有关监管规定。网络借贷信息中介机构应当聘请会计师事务所定期对本机构出借人与借款人资金存管、信息披露情况、信息科技基础设施安全、经营合规性等重点环节实施审计，并且应当聘请有资质的信息安全测评认证机构定期对信息安全实施测评认证，向出借人与借款人等披露审计和测评认证结果。网络借贷信息中介机构应当引入律师事务所、信息系统安全评价等第三方机构，对网络信息中介机构合规和信息系统稳健情况进行评估。网络借贷信息中介机构应当将定期信息披露公告文稿和相关备查文件报送工商登记注册地地方金融监管部门，并置备于机构住所供社会公众查阅。"

《合同法》第四百二十五条规定："居间人应当就有关订立合同的事项向委托人如实报告。居间人故意隐瞒与订立合同有关的重要事实或者提供虚假情况，损害委托人利益的，不得要求支付报酬并应当承担损害赔偿责任。"

根据上述规定，网贷平台负有两方面的信息披露义务：第一，公开披露网贷平台的相关信息，包括但不限于平台交易模式、各方权利义务、平台自身的经营管理及财务状况信息；第二，向出借人披露特定融资项目的信息，包括借款人基本情况、融资项目基本信息、风险评估及可能产生的风险结果、已撮合未到期融资项目资金运用情况等有关信息，并就交易风险进行充分提示。

投资者适当性制度

《指导意见》第三条第（十五）款规定：“从业机构……要研究建立互联网金融的合格投资者制度，提升投资者保护水平。”

《暂行办法》第二十六条第二款规定：“网络借贷信息中介机构应当对出借人的年龄、财务状况、投资经验、风险偏好、风险承受能力等进行尽职评估，不得向未进行风险评估的出借人提供交易服务。网络借贷信息中介机构应当根据风险评估结果对出借人实行分级管理，设置可动态调整的出借限额和出借标的限制。”

根据上述规定，从业机构应当建立投资者适当性制度，根据出借人的风险承受能力，实行分级管理。具体而言，网贷平台应当对出借人的年龄、健康状况、财务状况、投资经验、风险偏好、风险承受能力等进行尽职评估，并根据评估结果对出借人实行分级管理，针对不同风险承受能力的出借人，设置可动态调整的出借限额和出借标的限制。

金融消费者权益保护制度

《指导意见》第三条第（十六）款规定：“研究制定互联网金融消费者教育规划，及时发布维权提示。加强互联网金融产品合同内容、免责条款规定等与消费者利益相关的信息披露工作，依法监督处理经营者利用合同格式条款侵害消费者合法权益的违法、违规行为。构建在线争议解决、现场接待受理、监管部门受理投诉、第三方调解以及仲裁、诉讼等多元化纠纷解决机制。细化完善互联网金融个人信息保护的原则、标准和操作流程。严禁网络销售金融产品过程中的不实宣传、强制捆绑销售。”

《暂行办法》第九条规定：“网络借贷信息中介机构应当履行下

列义务：……（三）采取措施防范欺诈行为，发现欺诈行为或其他损害出借人利益的情形，及时公告并终止相关网络借贷活动；……（六）妥善保管出借人与借款人的资料和交易信息，不得删除、篡改，不得非法买卖、泄露出借人与借款人的基本信息和交易信息。"

《暂行办法》第十条第（十）款规定："网络借贷信息中介机构不得从事或者接受委托从事下列活动：……（十）虚构、夸大融资项目的真实性、收益前景，隐瞒融资项目的瑕疵及风险，以歧义性语言或其他欺骗性手段等进行虚假片面宣传或促销等，捏造、散布虚假信息或不完整信息损害他人商业信誉，误导出借人或借款人。"

根据上述规定，网贷平台应当从以下五个方面建立并完善消费者权益保护制度：（1）积极向消费者解释并说明网贷合同的内容、免责条款，不利用合同格式条款损害消费者权益；（2）构建网贷平台个人信息保护制度；（3）建立反欺诈机制；（4）不进行虚假或引人误解的宣传，也不强制捆绑销售；（5）完善纠纷解决机制。

网络与信息安全保障

《指导意见》第三条第（十七）款规定："从业机构应当切实提升技术安全水平，妥善保管客户资料和交易信息，不得非法买卖、泄露客户个人信息。"

《暂行办法》第十八条规定："网络借贷信息中介机构应当按照国家网络安全相关规定和国家信息安全等级保护制度的要求，开展信息系统定级备案和等级测试，具有完善的防火墙、入侵检测、数据加密以及灾难恢复等网络安全设施和管理制度，建立信息科技管理、科技风险管理和科技审计有关制度，配置充足的资源，采取完善的管理控制措施和技术手段保障信息系统安全稳健运行，保护出借人与借款人的信息安全。网络借贷信息中介机构应当记录并留存借贷双方上网日志信息，信息交互内容等数据，留存期限为自借贷合同到期起5年；每两年至少开展一次全面的安全评估，接受国家或行业主管部门的信息安全检查和审计。网络借贷信息中介机构成立两年以内，应当建立或使用与其业务规模相匹配的应用级灾备系统设施。”

《暂行办法》第二十三条规定：“网络借贷信息中介机构应当采取适当的方法和技术，记录并保存网络借贷业务活动数据和资料，做好数据备份。保存期限应当符合法律法规及网络借贷有关监管规定的要求。借贷合同到期后应当至少保存5年。”

《暂行办法》第九条第（六）款规定：“网络借贷信息中介机构应当履行下列义务：……（六）妥善保管出借人与借款人的资料和交易信息，不得删除、篡改，不得非法买卖、泄露出借人与借款人的基本信息和交易信息。”

具体而言，客户信息保护制度应当从以下三个方面完善：（1）提升平台的技术安全水平；（2）完善内部管理制度，妥善采集、保管并使用客户资料和交易信息；（3）确保禁止行为的严格遵守：网贷平台不得删除、篡改客户信息，不得非法买卖、泄露客户个人信息。

客户身份识别制度

《指导意见》第三条第（十八）款规定：“从业机构应当采取有效措施识别客户身份，主动监测并报告可疑交易，妥善保存客户资料和交易记录。”

《暂行办法》第九条第（七）款规定：“网络借贷信息中介机构应当履行下列义务：……（七）依法履行客户身份识别、可疑交易报告、客户身份资料和交易记录保存等反洗钱和反恐怖融资义务。”

《暂行办法》第十一条规定："参与网络借贷的出借人与借款人应当为网络借贷信息中介机构核实的实名注册用户。"

根据上述规定，网贷平台应当建立客户身份识别制度，即要求网贷平台经核实后确认出借人及借款人均应当为实名注册。

金融信用信息合作机制

《暂行办法》第二十一条规定："网络借贷信息中介机构应当加强与金融信用信息基础数据库运行机构、征信机构等的业务合作，依法提供、查询和使用有关金融信用信息。"

根据上述规定，网贷平台应当与金融信用信息基础数据库运行机构、征信机构等建立金融信用信息合作机制，依法提供、查询和使用有关金融信用信息。

网络借贷业务审核机制

《暂行办法》第九条第（二）款规定："网络借贷信息中介机构应当履行下列义务：……（二）对出借人与借款人的资格条件、信息的真实性、融资项目的真实性、合法性进行必要审核。"

《暂行办法》第十七条规定："网络借贷金额应当以小额为主。网络借贷信息中介机构应当根据本机构风险管理能力，控制同一借款人在同一网络借贷信息中介机构平台及不同网络借贷信息中介机构平台的借款余额上限，防范信贷集中风险。同一自然人在同一网络借贷信息中介机构平台的借款余额上限不超过人民币 20 万元；同一法人或其他组织在同一网络借贷信息中介机构平台的借款余额上限不超过人民币 100 万元；同一自然人在不同网络借贷信息中介机构平台借款总余额不超过人民币 100 万元；同一法人或其他组织在不同网络借贷信息中介机构平台借款总余额不超过人民币 500

万元。”

根据上述规定，网贷平台应当建立业务审核机制，对出借人与借款人的资格条件、信息的真实性、融资项目的真实性、合法性进行必要审核。另外，网贷平台作为传统金融机构的有效补充，有助于解决小微企业和个人融资难的问题，应当控制同一借款人在同一网络借贷信息中介机构平台及不同网络借贷信息中介机构平台的借款余额上限，以便更好地控制风险、防范风险传递。

应急事件处理机制

《暂行办法》第三十六条规定：“网络借贷信息中介机构应当在下列重大事件发生后，立即采取应急措施并向工商登记注册地地方金融监管部门报告：（一）因经营不善等原因出现重大经营风险；（二）网络借贷信息中介机构或其董事、监事、高级管理人员发生重大违法违规行为；（三）因商业欺诈行为被起诉，包括违规担保、夸大宣传、虚构隐瞒事实、发布虚假信息、签订虚假合同、错误处置资金等行为。地方金融监管部门应当建立网络借贷行业重大事件的发现、报告和处置制度，制定处置预案，及时、有效地协调处置有关重大事件。地方金融监管部门应当及时将本辖区网络借贷信息中介机构重大风险及处置情况信息报送省级人民政府、国务院银行业监督管理机构和中国人民银行。”

根据上述规定，网贷平台应当建立应急事件处理机制，在发生重大事件后，立即采取应急措施，并向工商登记注册地地方金融监管部门报告。

协助公安、司法机关查询、冻结制度

《指导意见》第三条第（十八）款规定：“从业机构有义务按照

有关规定，建立健全有关协助查询、冻结的规章制度，协助公安机关和司法机关依法、及时查询、冻结涉案财产，配合公安机关和司法机关做好取证和执行工作。"

《刑事诉讼法》第一百四十二条规定："人民检察院、公安机关根据侦查犯罪的需要，可以依照规定查询、冻结犯罪嫌疑人的存款、汇款、债券、股票、基金份额等财产。有关单位和个人应当配合。犯罪嫌疑人的存款、汇款、债券、股票、基金份额等财产已被冻结的，不得重复冻结。"

《民事诉讼法》第二百四十二条规定："被执行人未按执行通知履行法律文书确定的义务，人民法院有权向有关单位查询被执行人的存款、债券、股票、基金份额等财产情况。人民法院有权根据不同情形扣押、冻结、划拨、变价被执行人的财产。人民法院查询、扣押、冻结、划拨、变价的财产不得超出被执行人应当履行义务的范围。人民法院决定扣押、冻结、划拨、变价财产，应当作出裁定，并发出协助执行通知书，有关单位必须办理。"

根据上述规定，网贷平台应当建立健全有关协助查询、冻结的规章制度，协助公安机关和司法机关依法、及时查询、冻结涉案财产，配合公安机关和司法机关做好取证和执行工作。

第二部分

平台禁止性行为的剖析与案例

- 平台不得非法集资
- 平台禁止向出借人提供担保或者承诺保本保息
- 平台禁止发放贷款，法律法规另有规定的除外
- 平台禁止向借款用途为投资股票市场等高风险的融资提供信息中介服务
- 平台禁止从事股权众筹等业务
- 平台禁止虚假陈述
- 平台未经批准不得从事资产管理等业务
- 平台禁止发售理财产品、代销银行理财、券商资管、基金、保险或信托产品
- 平台不得与其他机构、代理销售、经纪等业务进行任何形式的混合、捆绑、代理
- 平台不得进行类资产证券化业务或实现以打包资产、证券化资产、信托资产、基金份额等形式的债权转让行为
- 平台禁止在物理场所进行宣传或者推荐融资项目

平台不得非法集资

网贷平台的定位是撮合借款人和贷款人之间的直接交易，利用互联网技术实现借贷双方自主交易和直接交易，故平台不得偏离信息中介的角色、实际掌握资金的供给和需求、隔断资金供求双方的直接联系和信息交流，更不得挪用、诈骗客户资金。

涉嫌非法集资的行为类型

1. 平台为自身或变相为自身融资；
2. 平台直接或间接接受、归集出借人的资金；
3. 平台将融资项目的期限进行拆分或采用其他期限错配方式；
4. 平台挪用、占用出借人资金；
5. 平台发布虚假借款标，“拆东墙补西墙”（庞氏骗局）。

法律依据

1. 刑事法律

（1）非法吸收公众存款罪

《中华人民共和国刑法》（自 1999 年 10 月 1 日起施行，以下简称《刑法》）

第一百七十六条 【非法吸收公众存款罪】非法吸收公众存款或者变相吸收公众存款，扰乱金融秩序的，处三年以下有期徒刑或者拘役，并处或者单处二万元以上二十万元以下罚金；数额巨大或者有其他严重情节的，处三年以上十年以下有期徒刑，并处五万元以上五十万元以下罚金。单位犯前款罪的，对单位判处罚金，并对其直接负责的主管人员和其他直接责任人员，依照前款的规定处罚。

《最高人民法院关于审理非法集资刑事案件具体应用法律若干问题的解释》（法释〔2010〕18 号，以下简称《非法集资司法解释》）

第一条 违反国家金融管理法律规定，向社会公众（包括单位和个人）吸收资金的行为，同时具备下列四个条件的，除刑法另有规定的以外，应当认定为刑法第一百七十六条规定的“非法吸收公众存款或者变相吸收公众存款”：（一）未经有关部门依法批准或者借用合法经营的形式吸收资金；（二）通过媒体、推介会、传单、手机短信等途径向社会公开宣传；（三）承诺在一定期限内以货币、实物、股权等方式还本付息或者给付回报；（四）向社会公众即社会不特定对象吸收资金。

未向社会公开宣传，在亲友或者单位内部针对特定对象吸收资金的，不属于非法吸收或者变相吸收公众存款。

第二条　实施下列行为之一，符合本解释第一条第一款规定的条件的，应当依照刑法第一百七十六条的规定，以非法吸收公众存款罪定罪处罚：（一）不具有房产销售的真实内容或者不以房产销售为主要目的，以返本销售、售后包租、约定回购、销售房产份额等方式非法吸收资金的；（二）以转让林权并代为管护等方式非法吸收资金的；（三）以代种植（养殖）、租种植（养殖）、联合种植（养殖）等方式非法吸收资金的；（四）不具有销售商品、提供服务的真实内容或者不以销售商品、提供服务为主要目的，以商品回购、寄存代售等方式非法吸收资金的；（五）不具有发行股票、债券的真实内容，以虚假转让股权、发售虚构债券等方式非法吸收资金的；（六）不具有募集基金的真实内容，以假借境外基金、发售虚构基金等方式非法吸收资金的；（七）不具有销售保险的真实内容，以假冒保险公司、伪造保险单据等方式非法吸收资金的；（八）以投资入股的方式非法吸收资金的；（九）以委托理财的方式非法吸收资金的；（十）利用民间“会”、“社”等组织非法吸收资金的；（十一）其他非法吸收资金的行为。

第三条　非法吸收或者变相吸收公众存款，具有下列情形之一的，应当依法追究刑事责任：（一）个人非法吸收或者变相吸收公众存款，数额在20万元以上的，单位非法吸收或者变相吸收公众存款，数额在100万元以上的；（二）个人非法吸收或者变相吸收公众存款对象 30 人以上的，单位非法吸收或者变相吸收公众存款对象 150 人以上的；（三）个人非法吸收或者变相吸收公众存款，给存款人造成直接经济损失数额在 10 万元以上的，单位非法吸收或者变相吸收公众存款，给存款人造成直接经济损失数额在 50 万元以上的；（四）造成恶劣社会影响或者其他严重后果的。

具有下列情形之一的，属于刑法第一百七十六条规定的“数额巨大或者有其他严重情节”：（一）个人非法吸收或者变相吸收公众存款，数额在 100 万元以上的，单位非法吸收或者变相吸收公众存款，数额在 500 万元以上的；（二）个人非法吸收或者变相吸收公众存款对象 100 人以上的，单位非法吸收或者变相吸收公众存款对象 500 人以上的；（三）个人非法吸收或者变相吸收公众存款，给存款人造成直接经济损失数额在 50 万元以上的，单位非法吸收或者变相吸收公众存款，给存款人造成直接经济损失数额在 250 万元以上的；（四）造成特别恶劣社会影响或者其他特别严重后果的。

非法吸收或者变相吸收公众存款的数额，以行为人所吸收的资金全额计算。案发前后已归还的数额，可以作为量刑情节酌情考虑。

非法吸收或者变相吸收公众存款，主要用于正常的生产经营活动，能够及时清退所吸收资金，可以免予刑事处罚；情节显著轻微的，不作为犯罪处理。

《最高人民法院、最高人民检察院、公安部关于办理非法集资刑事案件适用法律若干问题的意见》（公通字〔2014〕16 号，以下简称《非法集资意见》）

第二条 关于“向社会公开宣传”的认定问题。《最高人民法院关于审理非法集资刑事案件具体应用法律若干问题的解释》第一条第一款第二项中的“向社会公开宣传”，包括以各种途径向社会公众传播吸收资金的信息，以及明知吸收资金的信息向社会公众扩散而予以放任等情形。

第三条　关于“社会公众”的认定问题。下列情形不属于《最高人民法院关于审理非法集资刑事案件具体应用法律若干问题的解释》第一条第二款规定的“针对特定对象吸收资金”的行为，应当认定为向社会公众吸收资金：（一）在向亲友或者单位内部人员吸收资金的过程中，明知亲友或者单位内部人员向不特定对象吸收资金而予以放任的；（二）以吸收资金为目的，将社会人员吸收为单位内部人员，并向其吸收资金的。

第四条　关于共同犯罪的处理问题。为他人向社会公众非法吸收资金提供帮助，从中收取代理费、好处费、返点费、佣金、提成等费用，构成非法集资共同犯罪的，应当依法追究刑事责任。能够及时退缴上述费用的，可依法从轻处罚；其中情节轻微的，可以免除处罚；情节显著轻微、危害不大的，不作为犯罪处理。

（2）集资诈骗罪

《刑法》

第一百九十二条　【集资诈骗罪】以非法占有为目的，使用诈骗方法非法集资，数额较大的，处五年以下有期徒刑或者拘役，并处二万元以上二十万元以下罚金；数额巨大或者有其他严重情节的，处五年以上十年以下有期徒刑，并处五万元以上五十万元以下罚金；数额特别巨大或者有其他特别严重情节的，处十年以上有期徒刑或者无期徒刑，并处五万元以上五十万元以下罚金或者没收财产。

《非法集资司法解释》

第四条　以非法占有为目的，使用诈骗方法实施本解释第二条规定所列行为的，应当依照刑法第一百九十二条的规定，以集资诈骗罪定罪处罚。

使用诈骗方法非法集资，具有下列情形之一的，可以认定为“以非法占有为目的”：（一）集资后不用于生产经营活动或者用于生产经营活动与筹集资金规模明显不成比例，致使集资款不能返还的；（二）肆意挥霍集资款，致使集资款不能返还的；（三）携带集资款逃匿的；（四）将集资款用于违法犯罪活动的；（五）抽逃、转移资金、隐匿财产，逃避返还资金的；（六）隐匿、销毁账目，或者搞假破产、假倒闭，逃避返还资金的；（七）拒不交代资金去向，逃避返还资金的；（八）其他可以认定非法占有目的的情形。

集资诈骗罪中的非法占有目的，应当区分情形进行具体认定。行为人部分非法集资行为具有非法占有目的的，对该部分非法集资行为所涉集资款以集资诈骗罪定罪处罚；非法集资共同犯罪中部分行为人具有非法占有目的，其他行为人没有非法占有集资款的共同故意和行为的，对具有非法占有目的的行为人以集资诈骗罪定罪处罚。

第五条 个人进行集资诈骗，数额在10万元以上的，应当认定为“数额较大”；数额在30万元以上的，应当认定为“数额巨大”；数额在100万元以上的，应当认定为“数额特别巨大”。

单位进行集资诈骗，数额在50万元以上的，应当认定为“数额较大”；数额在150万元以上的，应当认定为“数额巨大”；数额在500万元以上的，应当认定为“数额特别巨大”。

集资诈骗的数额以行为人实际骗取的数额计算，案发前已归还的数额应予扣除。行为人为实施集资诈骗活动而支付的广告费、中介费、手续费、回扣，或者用于行贿、赠与等费用，不予扣除。行为人为实施集资诈骗活动而支付的利息，除本金未归还可予折抵本金以外，应当计入诈骗数额。

2. 行政法规及部门规章

《非法金融机构和非法金融业务活动取缔办法》

第四条　本办法所称非法金融业务活动，是指未经中国人民银行批准，擅自从事的下列活动：（一）非法吸收公众存款或者变相吸收公众存款；……

前款所称非法吸收公众存款，是指未经中国人民银行批准，向社会不特定对象吸收资金，出具凭证，承诺在一定期限内还本付息的活动；所称变相吸收公众存款，是指未经中国人民银行批准，不以吸收公众存款的名义，向社会不特定对象吸收资金，但承诺履行的义务与吸收公众存款性质相同的活动。

第二十二条　设立非法金融机构或者从事非法金融业务活动，构成犯罪的，依法追究刑事责任；尚不构成犯罪的，由中国人民银行没收非法所得，并处非法所得1倍以上5倍以下的罚款；没有非法所得的，处10万元以上50万元以下的罚款。

《暂行办法》

第十条　网络借贷信息中介机构不得从事或者接受委托从事下列活动：（一）为自身或变相为自身融资；（二）直接或间接接受、归集出借人的资金；……（六）将融资项目的期限进行拆分。

相关案例

1. 非法吸收公众存款罪

（1）案例①　邓某与线某非法吸收公众存款案

——P2P非法集资第一案："东方创投"案

案情简介：

被告人邓某于2013年5月出资注册成立深圳市某有限公司，由被告人邓某任法人代表及公司负责人，被告人线某任运营总监，负责公司广告投放、人员招聘、客服管理及技术维护等工作。深圳市某有限公司在2013年6月19日创建"东方创投"网络投资平台，向社会公众推广其 P2P 信贷投资模式，以提供资金中介服务为名，承诺 3% 至 4% 月息的高额回报，通过网上平台非法吸收公众存款。截至 2013 年 10 月 31 日，“东方创投”网络投资平台共吸收公众存款人民币 126 736 562. 39 元。2013 年 11 月 2 日，被告人邓某前往公安机关投案自首；2013 年 12 月 18 日，被告人线某前往公安机关投案自首。

另查明，被告人邓某在非法吸收公众存款后，将犯罪所得的人民币 2 200 万元支付给深圳市和记某地产有限公司用于购买房产，该款现已被公安机关冻结（冻结银行：中国银行；账号：777###；户名：深圳市和记某地产有限公司）。被告人线某向公安机关投案自首时提出自愿退赃，并提供收取赃款的银行卡（开户银行：中信银行；卡号：6217###；户名：线某），公安机关据此冻结该卡号内资金人民币 3 181 933. 58 元。又查，本案非法吸收公众存款的金额虽为人民币 126 736 562. 39 元，但根据东方创投投资人本金利息划分明细表等书证显示，截至 2013 年 10 月 31 日，投资人已提现金额为人民币 74 719 587. 96 元，该提现金额折抵本金后，投资参与人实际未归还本金为人民币 52 503 199. 73 元。

法院认为：

被告人邓某、线某违反国家金融管理法规，非法向社会公众吸收资金，数额巨大，其行为已构成非法吸收公众存款罪。公诉机关对被告人邓某、线某犯非法吸收公众存款罪的指控，事实清楚，证据确实、充分，应予以支持。在共同犯罪中，被告人邓某系公司的法定代表人及负责人，并全面掌控、支配吸收到的资金，起主要作用，是主犯；被告人线某受雇参与犯罪，负责公司运营管理，但对吸收的资金支配无决定权，起次要作用，可以减轻处罚。被告人邓某、线某犯罪以后自动投案，如实供述自己的罪行，是自首，可以从轻处罚。对被告人邓某的辩护人关于本案系单位犯罪的意见，本院认为，本案犯罪虽以单位名义实施，但涉案单位深圳市某有限公司系被告人邓某为实施非法吸收公众存款犯罪而成立，且成立后主要用于实施犯罪，应认定为个人犯罪。对该意见，本院不予采纳。被告人邓某的辩护人关于邓某系从犯、犯罪情节较轻、起诉书认定数额有误等意见与事实不符，本院不予采纳。被告人邓某的辩护人关于邓某具有自首情节的意见与事实及法律相符，本院予以采纳。被告人线某的辩护人的意见与事实及法律相符，本院予以采纳。

鉴于被告人邓某归案后提供涉案赃款线索协助公安机关查扣涉案赃款，减少了投资人损失，本院酌情予以从轻处罚。鉴于被告人线某系初犯，在共同犯罪中系从犯，且犯罪后能自首并主动退还全部非法所得，有悔罪表现，本院决定对其适用缓刑，给其一个改过自新的机会。依照《中华人民共和国刑法》第一百七十六条、第二十五条、第二十六条第一款、第二十七条、第六十七条、第七十二条、第七十三条、第六十四条的规定，判决如下：

一、被告人邓某犯非法吸收公众存款罪，判处有期徒刑三年，并处罚金人民币三十万元（刑期从判决执行之日起计算。判决执行以前先行羁押的，羁押一日折抵刑期一日。即自 2013 年 11 月 2 日起至 2016 年 11 月 1 日止；罚金于本判决生效之日起三十日内缴纳）。

二、被告人线某犯非法吸收公众存款罪，判处有期徒刑二年，缓刑三年，并处罚金人民币五万元（缓刑考验期刑期从判决确定之日起计算；罚金于本判决生效之日起三十日内缴纳）。

三、冻结在案的中国银行深圳和记某地产有限公司名下账户（账号为：777###）内资金人民币 2 200 万元、中信银行线某名下账户（卡号为：6217###）内的资金 3 181 933. 58 元及其孳息均系非法所得，均予以追缴并按投资参与人未归还本金比例返还投资参与人。

（2）案例②　徐某某等非法吸收公众存款案

案情简介：

2013 年 5 月至 10 月间，被告人徐某某在被告人余某及蒋某、王某（均另案处理）三人牵线下与融某公司签订 P2P 网贷系统的开发、维护合同，并在该三人协助下以徐某某实际所控制的力合公司设立“力合创投”平台，对外宣称 P2P 网贷系统。通过宣传、推介、协助运营等工作，该平台在 2013 年 7 月底至 10 月中下旬间，以年息加奖励 19% ~ 50% 并由徐某某任法定代表人的凯锐公司以 1:1进行担保为诱，向全国 1 200 余人非法吸收公众存款达 5 195 万余元。为此余某、蒋某某、王某三人非法获利 195 万元。被告人陶某、陈某甲、许某、宋某、郑某、徐某甲明知该平台在向全国各地投资人非法吸收公众存款，仍然帮助徐某某及该平台进行非吸活动。其中陶某、陈某甲为平台提供客服培训、运营、策划，陶某从中获取好处费 5 万元，陈某甲从中获取好处费 2 000 元；许某对平台非吸活动的资金进行管理；宋某为平台发标制作借款合同标；郑某在平台负责提现、到账审核及打款工作；徐某甲受徐某某指派担任力合公司法定代表人，并与融某公司签订 P2P 网贷系统开发维护合同，平台设立后受徐某某指派收取部分徐某某资金拆借利息。徐某某通过该方式吸收的存款部分用于支付平台投资人利息、奖励，部分用于凯锐公司经营，部分以高额利息借贷给上虞、慈溪等地的企业及个人，从中获利。案发后，徐某某已归还部分投资人 1 056 余万元，其中 881 名中小投资人债权已结清，扣除案发前已经支付的部分奖励、利息款，尚有 331 名投资人本金 37 843 268. 51 元没有归还。

法院认为：

被告人徐某某违反国家金融管理法规，未经有关部门依法批准，通过设立 P2P 网络平台融资的途径向社会公开宣传，承诺在一定期限内还本付息，向社会不特定对象吸收资金，数额巨大，被告人余某、陶某、陈某甲、许某、宋某、郑某、徐某甲明知被告人徐某某通过 P2P 网络平台非法吸收公众存款，仍提供相应帮助，八位被告人的行为均已构成非法吸收公众存款罪。公诉机关指控的罪名成立，予以支持。在共同犯罪中，被告人徐某某系力合公司的实际控制人，并全面掌控、支配吸收到的资金，起主要作用，是主犯，应当按照所犯全部罪行处罚，其辩护人提出的被告人徐某某主观恶性、所起作用均轻于操盘者的辩护意见不能成立，不予采纳；被告人余某、陶某、陈某甲、许某、宋某、郑某、徐某甲经商谋、受指派或受雇佣参与犯罪，起次要或辅助作用，是从犯，其中对被告人余某依法从轻处罚，对被告人陶某、陈某甲、许某、宋某、郑某、徐某甲依法减轻处罚。被告人徐某某、陶某、陈某甲、许某、宋某、郑某、徐某甲在犯罪以后自动投案，如实供述自己的罪行，是自首，可依法从轻处罚。被告人陶某规劝同案人员归案，有立功表现，可依法从轻处罚。案发后，被告人徐某某归还部分款项，可对各被告人酌情从轻处罚。被告人余某、陶某、陈某甲已退出个人违法所得，被告人余某还退出部分共同违法所得并取得部分投资人的谅解，均可酌情从轻处罚。各辩护人提出的上述要求对各被告人从轻处罚的辩护意见成立，予以采纳。在被告人余某等人的牵线搭桥下，徐某某才与融某公司签约 P2P 网贷系统开发维护合同，力合创投平台才得以建立，且从中共同获利达 195 万元，故被告人余某不属于犯罪情节显著轻微，不采纳其辩护人提出的余某所起作用较小，要求对其免予刑事处罚的辩护意见。结合被告人徐某甲的供述，其担任力合公司法定代表人并未受到被告人徐某某的胁迫，故其辩护人提出的应认定徐某甲构成胁从犯的辩护意见不能成立。结合被告人余某、陶某、陈某甲、许某、宋某的犯罪情节和悔罪表现，均可宣告缓刑。据此，依照《中华人民共和国刑法》第一百七十六条第一款、第二十五条第一款、第二十六条第一款和第四款、第二十七条、第六十七条第一款、第六十八条、第七十二条第一款和第三款、第七十三条、第六十四条的规定，判决如下：

一、被告人徐某某犯非法吸收公众存款罪，判处有期徒刑四年六个月，并处罚金人民币四十万元（刑期从判决执行之日起计算。判决执行以前先行羁押的，羁押一日折抵刑期一日，即自二〇一四年三月二十八日起至二〇一八年九月二十七日止；罚金限判决生效后一个月内缴纳）；

二、被告人余某犯非法吸收公众存款罪，判处有期徒刑三年，缓刑三年，并处罚金人民币十万元（缓刑考验期限，从判决确定之日起计算；罚金限判决生效后十日内缴纳）；

三、被告人陶某犯非法吸收公众存款罪，判处有期徒刑二年，缓刑二年六个月，并处罚金人民币五万元（缓刑考验期限，从判决确定之日起计算；罚金限判决生效后十日内缴纳）；

四、被告人陈某甲犯非法吸收公众存款罪，判处有期徒刑一年六个月，缓刑二年，并处罚金人民币二万元（缓刑考验期限，从判决确定之日起计算；罚金限判决生效后十日内缴纳）；

五、被告人许某犯非法吸收公众存款罪，判处有期徒刑一年六个月，缓刑二年，并处罚金人民币五万元（缓刑考验期限，从判决确定之日起计算；罚金限判决生效后十日内缴纳）；

六、被告人宋某犯非法吸收公众存款罪，判处拘役五个月，缓刑十个月，并处罚金人民币二万元（缓刑考验期限，从判决确定之日起计算；罚金限判决生效后十日内缴纳）；

七、被告人郑某犯非法吸收公众存款罪，判处罚金人民币二万元（罚金限判决生效后十日内缴纳）；

八、被告人徐某甲犯非法吸收公众存款罪，判处罚金人民币二万元（罚金限判决生效后十日内缴纳）；

九、现扣押在绍兴市上虞区公安局的被告人余某违法所得人民币八十万元、被告人陶某违法所得人民币五万元，现暂存在本院的被告人余某违法所得人民币七十万元、被告人陈某甲违法所得人民币二千元，按比例发还给相应投资人；被告人余某其余共同违法所得人民币四十五万元，继续予以追缴，被告人徐某某其余非法吸收的未归还款项人民币三千五百八十四万一千二百六十八元五角一分，继续予以追缴，发还给相应投资人。

（3）案例③　韩某某、胡某某非法吸收公众存款案

案情简介：

2013 年 7 月 18 日，被告人韩某某注册成立了泰安市长润商务咨询服务有限公司（以下简称长润公司），韩某某及被告人胡某某为长润公司股东，韩某某同时安排胡某某任公司的执行董事兼总经理。工商部门核准长润公司的经营范围为：商务信息咨询服务；企业管理咨询服务；投资咨询服务；房屋租赁；企业形象策划。长润公司成立后经韩某某决定，未按照工商部门核准经营范围于 2013 年 8 月起违规开设“国安贷”网络借贷平台，开展网上 P2P 借贷业务，吸引公众通过该平台投资理财。在业务开展过程中，韩某某、胡某某不遵循 P2P 借贷规则，在明知本公司没有相关资质的情况下，通过发布虚假借款标等手段面向社会吸收公众存款供韩某某个人经营及对外放贷。截至 2014 年 11 月韩某某、胡某某共非法吸收社会公众资金 106 941 758. 6 元，存款人提现金额 81 376 695. 29 元。2014 年 9 月 23 日以后，二被告人所经营的“国安贷”网络借贷平台拒绝提现，导致存款人巨额经济损失。

法院认为：

被告人韩某某、胡某某违反国家金融管理法规的规定，扰乱金融秩序，非法向社会公众吸收存款，数额巨大，其行为已构成非法吸收公众存款罪。公诉机关指控的犯罪事实与犯罪罪名均正确，本院予以支持。被告人韩某某辩护人关于不应作为个人犯罪对韩某某予以惩处，应作为单位犯罪责任人对其定罪处罚以及本案中向投资人兑付的金额，应当在定罪数额中予以扣除的辩护意见，经查，泰安市长润商务咨询服务有限公司成立后，主要业务是通过设立“国安贷”平台进行非法吸收公众存款的犯罪活动，因此，根据法律规定本案不应以单位犯罪论处，另外，非法吸收公众存款的犯罪数额是指存款人存入的数额，故辩护人的上述辩护意见与相关法律规定不符，本院不予采纳。被告人胡某某辩护人关于胡某某的犯罪属于职务行为，不属于个人行为以及其犯罪社会危害性不大的辩护意见与本案事实不符，本院不予采纳。被告人韩某某、胡某某辩护人的其他辩护意见基本正确，正确部分予以采纳。在被告人韩某某与胡某某的共同犯罪中，胡某某起辅助作用，系本案从犯，依法应当对其从轻处罚。被告人韩某某、胡某某归案后能够如实供述自己的犯罪事实，系坦白，同时鉴于二被告人当庭自愿认罪，可依法对其从轻处罚。依照《中华人民共和国刑法》第一百七十六条第一款、第二十五条第一款、第二十七条、第六十七条第三款、第六十四条的规定，判决如下：

一、被告人韩某某犯非法吸收公众存款罪，判处有期徒刑八年，并处罚金四十万元；（刑期从判决执行之日起计算。判决执行以前先行羁押的，羁押一日折抵刑期一日，即自二〇一五年三月五日起至二〇二三年三月四日止。所判罚金限判决生效后十日内缴纳。）

被告人胡某某犯非法吸收公众存款罪，判处有期徒刑四年，并处罚金五万元；（刑期从判决执行之日起计算。判决执行以前先行羁押的，羁押一日折抵刑期一日，即自二〇一五年三月五日起至二〇一九年三月四日止。所判罚金限判决生效后十日内缴纳。）

二、被告人韩某某、胡某某在本案中所非法吸收的公众存款106 941 758.6元返还各存款人，其中存款人已提现金额81 376 695.29元，未提现返还部分继续追缴予以退赔被害人；（所判上列退赔款项限判决生效后三十日内退赔完毕。）

三、公安机关扣押的被告人韩某某、胡某某作案使用电脑、手机、银行卡一宗予以没收，现金7 425元返还被害人。

（4）案例④　黄某某非法吸收公众存款案

案情简介：

2013年11月，被告人黄某某出资成立惠州市中源建工资产管理有限公司（以下简称中源公司），由其妻弟刘某甲担任公司法定代表人及妻子刘某乙为股东（以上两人为挂名股东）。公司成立后，黄某某聘用柳某等人编写软件，及租用服务器在网上开展P2P网络借贷平台（www.zyzib.com），并通过网贷新闻网、百度推广及QQ群广告等方式向外宣传该网站的投资获利功能，以年利率18%～20.4%的利息为诱饵对外吸收公众存款。出借人通过网站实名注册及关联同名银行卡后，即可竞投网站上发布的借款标的，并以等额本息的方式收回本金及利息。黄某某通过在公司网站上发放虚构的借款标，将出借人资金汇入自己控制的银行账户进行操控，集资款项主要用于支付高额利息、公司日常经营及私自出借给他人。

2014年11月，被告人黄某某因资金链断裂，无法继续按约定提现给出借人，导致上百名出借人先后到公安机关报案。经审计，截至2014年12月31日，中源公司通过网上交易平台的理财人充值金额共 58 244 561.88 元，理财人数 870 人，通过网上交易平台偿还理财人本金共 43 104 351.87 元，剩下充值余额 15 140 210.01 元（其中欠款本金共 12 202 248.83 元），理财人数 378 人。

2014 年 12 月 2 日，被告人黄某某到惠州市公安局经侦支队投案自首。

法院认为：

被告人黄某某无视国法，向不特定公众变相吸收存款人民币 58 244 561.88元，扰乱金融秩序，数额巨大，其行为构成非法吸收公众存款罪。

关于辩护人辩称本案就被告人黄某某的违法行为而言，属于单位犯罪，而不是自然人犯罪的意见，经查，惠州市中源建工资产管理有限公司的实际出资人及控制人为被告人黄某某，公司的重大决策由其决定，其妻弟刘某甲及妻子为挂名股东，不享有实际经营权及利润分配权，且中源公司设立后，主要是在网上开展 P2P 网络借贷平台（www. zyzib. com），并通过网贷新闻网、百度推广及 QQ 群广告等方式向外宣传该网站的投资获利功能，以年利率 18% ~ 20.4% 的利息为诱饵对外吸收公众存款。根据《最高人民法院关于单位犯罪案件具体应用法律有关问题的解释》第二条规定：个人为进行违法犯罪活动而设立的公司、企业、事业单位实施犯罪的，或者公司、企业、事业单位设立后，以实施犯罪为主要活动的，不以单位犯罪论处。因此，被告人黄某某的违法行为不属于单位犯罪，而是自然人犯罪。辩护人该辩护意见无理无据，不予采纳。

综上，公诉机关指控被告人黄某某犯非法吸收公众存款罪，事实清楚，证据确实，充分，指控罪名成立。被告人黄某某自动投案，并如实供述自己的罪行，当庭自愿认罪，有自首情节，依法从轻处罚。辩护人的辩护意见除以上不予采纳的意见外，其余辩护意见有理有据，予以采纳。依据《中华人民共和国刑法》第一百七十六条第一款、第六十七条第一款、第五十二条、第五十三条、第六十四条的规定，判决如下：

被告人黄某某犯非法吸收公众存款罪，判处有期徒刑四年，并处罚金十万元（刑期从判决执行之日起计算。判决执行以前先行羁押的，羁押一日折抵刑期一日。即自 2014 年 12 月 2 日起至 2018 年 12 月 1 日止。罚金应在本判决生效之日起一个月内，一次性向本院缴纳，上缴国库）。

2. 集资诈骗罪

（1）案例①　泮某某集资诈骗案

案情简介：

2014 年 6 月前，被告人泮某某在浙江省常山县开办浙江正方园工艺品有限公司（以下简称正方园公司）等企业，长期采用拆借资金并支付高额利息的方式经营，导致泮某某个人及其控制的公司背负巨额债务难以维系。

2014 年 6 月起，被告人泮某某为获取资金，收购浙江沃发投资管理有限公司（以下简称沃发公司）作为其非法集资平台，以经营所谓的“P2P”业务为名义，以召集客户前往常山县参观所谓担保企业、虚构其担保能力并提供虚假的股权质押为手段，以年息 12% ~23% 的高息为诱饵，通过在各社区散发宣传单等形式，向被害人吴某甲等 514 名不特定人员非法集资人民币 5 015.2 万元，用于偿还债务、支付非法集资成本等用途。无法维系后，泮某某四处躲避，拒不归还集资款。至案发前，造成被害人实际损失人民币 4 925.06225万元。

法院认为：

被告人泮某某以非法占有为目的，以高额利息为诱饵，虚构事实、隐瞒真相向不特定社会公众进行数额特别巨大的非法集资，至案发前造成被害人数额特别巨大的损失，其行为已构成集资诈骗罪。公诉机关所控罪名成立。关于被告人泮某某的辩护人提出被告人泮某某的行为不符合集资诈骗罪的构成要件，应构成非法吸收公众存款罪的意见，经审理认为，被告人泮某某成立浙江沃发投资管理有限公司之前，负有巨额外债。在非法集资过程中利用其实际控制的资不抵债的浙江正方园工艺品有限公司及空壳公司浙江大旺工贸有限公司作担保，用虚假的债权质押。获取资金后用于归还债务、支付犯罪成本等灭失性处置，造成98%以上的非法集资款无法归还，其主观上具有明显的非法占有的故意。其行为构成集资诈骗罪无疑。辩护人所提相关辩护意见不予采纳。被告人泮某某的辩护人提出被告人泮某某归案后认罪态度较好，有坦白情节，请求对其从轻处罚的辩护意见，经审理认为，被告人泮某某的非法集资行为给被害人造成巨大经济损失，且无法弥补，其归案后虽认罪态度较好，仍不足以减轻其罪责。辩护人的辩护意见不予采纳。据此，依照《中华人民共和国刑法》第一百九十二条、第五十七条第一款、第六十四条及最高人民法院《关于审理非法集资刑事案件具体应用法律若干问题的解释》第四条、第五条的规定，判决如下：

一、被告人泮某某犯集资诈骗罪，判处无期徒刑，剥夺政治权利终身，并处没收个人全部财产。

二、责令被告人泮某某退赔非法所得人民币 4 925.06225 万元，发还被害人。

（2）案例② 吴某华、吴某虹诈骗案

案情简介：

被告人吴某华为维持其名下的铜陵县平华矿业有限责任公司煤矿能够再生产，欠下大量债务。2013 年上半年，在债主林某的介绍下，吴某华意欲成立电子商务公司利用网络平台进行融资。吴某华以身陷债务和民事诉讼为由，找到被告人吴某虹，让其担任新设公司的法定代表人，承诺给付吴某虹每月 3 000 元至 5 000 元左右的工资，并书面承诺新设公司产生的一切法律责任自己承担。随后，吴某华通过财务公司的运作，注册成立了铜陵市华强电子商务有限公司，该公司注册资本为 1 000 万元（1 000 万元出资、验资后即被抽走），经营范围为一般经营项目：网上电子商务咨询，电子产品销售，投资咨询，企业管理咨询（法律、行政法规和国务院决定规定的前置审批项目除外）。之后，吴某华以融资额的 10% 为报酬，由余某帮助建立了名为“华强财富”投融资 P2P 互联网交易平台，并于 2013 年 9 月 14 日正式上线经营。吴某华指使吴某虹等人制作虚假的借款合同和抵押合同，在互联网上发布虚假的借贷信息。由于承诺的回报率较高，网民觉得有利可图，便在该网站上注册为会员，通过第三方平台或直接将钱转入该公司账户或吴某虹的银行卡的形式进行投标。截至 2013 年 12 月 12 日，该公司共收到 440 余人的 1 867 笔投资款 1 626 万余元，用于归还 408 位投资人本息 529 万余元，未返还 240 位投资人 1 109 万余元。所骗取的 1 109 万余元中，吴某华为取信投资人而投资购买池州某林场用去 235 万元；剩余款项中，吴某华用于归还林某借款本息 450 万元，给付余某建立和维护平台费用 140 万元，其余用于华强公司的运营和归还其个人其他债务等。案发后，被告人吴某华、吴某虹分别于 2014 年 12 月 31 日、12 月 24 日主动向公安机关投案，并如实交代了所犯的全部罪行。

法院认为：

原审被告人吴某华、上诉人吴某虹以非法占有为目的，使用诈骗方法非法集资 1 109 万余元，数额特别巨大，其行为均已构成集资诈骗罪。吴某华、吴某虹系自首，认罪态度较好，有悔罪表现，可从轻处罚。在共同犯罪中，吴某华系主犯，吴某虹为从犯，依法对吴某虹减轻处罚。据此，依照《中华人民共和国刑法》第一百九十二条、第二十五条第一款、第二十六条第一款、第二十七条、第六十七条第一款、第六十一条、第六十四条、第五十二条、第五十三条、《最高人民法院关于审理集资诈骗刑事案件具体应用法律若干问题的解释》第五条第一款、第三款、《最高人民法院、最高人民检察院、公安部关于办理非法集资刑事案件适用法律若干问题的意见》第五项第一款、第二款、《中华人民共和国刑事诉讼法》第二百二十五条第一款第一项、第二项的规定，判决如下：

一、维持安徽省铜陵市铜官山区人民法院（2014）铜官刑初字第 00129 号刑事判决的第三项、第四项，即“责令被告人吴某华、吴某虹退赔各被害人的经济损失一千一百零九万二千一百六十八元八角整（退赔清单详见附表）；对被告人吴某华、吴某虹给付林晓峰的四百五十万元以及给付余建锋的一百四十万元依法予以追缴。”

二、撤销安徽省铜陵市铜官山区人民法院（2014）铜官刑初字第 00129 号刑事判决的第一项、第二项，即“被告人吴某华犯诈骗罪，判处有期徒刑十四年，并处罚金人民币五十万元；被告人吴某虹犯诈骗罪，判处有期徒刑八年，并处罚金人民币十万元。”

三、原审被告人吴某华犯集资诈骗罪，判处有期徒刑十四年，并处罚金人民币五十万元。（刑期从判决执行之日起计算，判决执行以前先行羁押的，羁押一日折抵刑期一日，即自 2013 年 12 月 31 日起至 2027 年 12 月 30 日止。罚金自判决生效后十日内缴纳至原审法院。）

四、上诉人（原审被告人）吴某虹犯集资诈骗罪，判处有期徒刑八年，并处罚金人民币十万元。（刑期从判决执行之日起计算，判决执行以前先行羁押的，羁押一日折抵刑期一日，即自 2013 年 12 月 24 日起至 2021 年 12 月 23 日止。罚金自判决生效后十日内缴纳至原审法院。）

平台禁止向出借人提供担保或者承诺保本保息

平台在工商管理部门注册的是一般企业，不是金融机构，一般企业不能吸收存款，不能发放贷款，所以平台不能成为信用中介，只能是信息中介性质，而代替客户承诺保本保息和提供担保，其实是充当了信用中介的角色。

法律依据

1.《指导意见》

第二条第（八）款 个体网络借贷要坚持平台功能，为投资方和融资方提供信息交互、撮合、资信评估等中介服务。个体网络借贷机构要明确信息中介性质，主要为借贷双方的直接借贷提供信息服务，不得提供增信服务，不得非法集资。

2.《暂行办法》

第三条第一款 网络借贷信息中介机构按照依法、诚信、自愿、公平的原则为借款人和出借人提供信息服务，维护出借人与借款人合法权益，不得提供增信服务，不得直接或间接归集资金，不得非法集资，不得损害国家利益和社会公共利益。

第十条 网络借贷信息中介机构不得从事或者接受委托从事下列活动：……（三）直接或变相向出借人提供担保或者承诺保本保息。

3.《中华人民共和国广告法》

第二十五条第（一）款　招商等有投资回报预期的商品或者服务广告，应当对可能存在的风险以及风险责任承担有合理提示或者警示，并不得含有下列内容：对未来效果、收益或者与其相关的情况作出保证性承诺，明示或者暗示保本、无风险或者保收益等，国家另有规定的除外。

4.《国家工商行政管理总局、中国银行业监督管理委员会、国家广播电影电视总局、新闻出版总署关于处置非法集资活动中加强广告审查和监管工作有关问题的通知》

第四条　商品营销、生产经营活动的广告不得出现保本、保证无风险等内容。

相关案例

暂无相关案例。

平台禁止发放贷款，法律法规另有规定的除外

网络借贷平台作为信息中介同样不得发放贷款。我国法律规定，发放贷款要有资质，只有商业银行、信托公司、小额贷款公司、汽车金融公司、消费金融公司等才有资质发放贷款，网贷平台发放贷款是违规的行为。

法律依据

1.《暂行办法》

第十条第（五）款 网络借贷信息中介机构不得从事或者接受委托从事下列活动：……（五）发放贷款，但法律法规另有规定的除外。

2.《中华人民共和国商业银行法》

第三条 商业银行可以经营下列部分或者全部业务：……（二）发放短期、中期和长期贷款；

3.《非法金融机构和非法金融业务活动取缔办法》

第四条 本办法所称非法金融业务活动，是指未经中国人民银行批准，擅自从事的下列活动：……（三）非法发放贷款、办理结算、票据贴现、资金拆借、信托投资、金融租赁、融资担保、外汇买卖；……

第二十二条　设立非法金融机构或者从事非法金融业务活动，构成犯罪的，依法追究刑事责任；尚不构成犯罪的，由中国人民银行没收非法所得，并处非法所得1倍以上5倍以下的罚款；没有非法所得的，处10万元以上50万元以下的罚款。

4.《中华人民共和国银行业监督管理法》

第十九条　未经国务院银行业监督管理机构批准，任何单位或者个人不得设立银行业金融机构或者从事银行业金融机构的业务活动。

5.《信托公司管理办法》

第十九条　信托公司管理运用或处分信托财产时，可以依照信托文件的约定，采取投资、出售、存放同业、买入返售、租赁、贷款等方式进行。中国银行业监督管理委员会另有规定的，从其规定。

第二十条　信托公司固有业务项下可以开展存放同业、拆放同业、贷款、租赁、投资等业务。投资业务限定为金融类公司股权投资、金融产品投资和自用固定资产投资。

6.《汽车金融公司管理办法》

第十九条　经中国银监会批准，汽车金融公司可从事下列部分或全部人民币业务：……（六）提供购车贷款业务；（七）提供汽车经销商采购车辆贷款和营运设备贷款，包括展示厅建设贷款和零配件贷款以及维修设备贷款等；

7.《贷款通则》

第二十一条　贷款人必须经中国人民银行批准经营贷款业务，持有中国人民银行颁发的《金融机构法人许可证》或《金融机构营业许可证》，并经工商行政管理部门核准登记。

8.《刑法》

第二百二十五条　【非法经营罪】违反国家规定，有下列非法经营行为之一，扰乱市场秩序，情节严重的，处五年以下有期徒刑或者拘役，并处或者单处违法所得一倍以上五倍以下罚金；情节特别严重的，处五年以上有期徒刑，并处违法所得一倍以上五倍以下罚金或者没收财产：（一）未经许可经营法律、行政法规规定的专营、专卖物品或者其他限制买卖的物品的；（二）买卖进出口许可证、进出口原产地证明以及其他法律、行政法规规定的经营许可证或者批准文件的；（三）未经国家有关主管部门批准非法经营证券、期货、保险业务的，或者非法从事资金支付结算业务的；（四）其他严重扰乱市场秩序的非法经营行为。

相关案例

1. 案例①　杨某某、赵某非法经营案

案情简介：

2009 年 11 月至 2010 年 12 月，被告人杨某某、赵某夫妇为谋取暴利，在未经国家金融监管部门批准，未取得经营金融业务资格的情况下，擅自以远高于中国人民银行公布的同期短期贷款基准利率四倍的高额利率，在临澧县非法从事发放贷款的金融业务活动。先后向临澧县安福镇居民邹建国、张云华、佘市桥镇居民吴玉桃等 11 名不特定对象非法发放贷款 33 笔，共计人民币 1 650 000 元，获取非法利益共计人民币 215 700 元。具体犯罪事实如下：

一、向临澧县安福镇居民邹某某发放贷款 3 笔，共计人民币 800 000 元，获利共计人民币 78 000 元。其中，2010 年 7 月 8 日发放贷款 400 000 元，获利 8 000 元；2010 年 7 月 26 日发放贷款 200 000元，获利 30 000 元；2010 年 8 月 30 日发放贷款 200 000 元，获利 40 000 元。

二、向临澧县新安镇南闸居委会居民张某某发放贷款 4 笔，共计人民币415 000元，获利共计人民币26 500元。其中，2010年1月10日发放贷款15 000元，获利3 000元；2010年3月23日发放贷款200 000元，获利15 000元；2010年5月10日发放贷款150 000元，获利3 000元；2010年7月17日发放贷款50 000元，获利5 500元。

三、向临澧县文家乡德胜村村民杨某某发放贷款4笔，共计人民币90 000元，获利共计人民币26 000元。其中，2009年11月12日发放贷款20 000元，获利8 000元；2010年4月9日发放贷款20 000元，获利6 000元；2010年6月20日发放贷款30 000元，获利60 000元；2010年7月26日发放贷款20 000元，获利6 000元。

四、向临澧县安福镇居民谢某某发放贷款5笔，共计人民币110 000元，获利共计人民币13 800元。其中，2009年11月2日发放贷款10 000元，获利4 000元；2010年1月12日发放贷款40 000元，获利3 000元；2010年4月7日发放贷款10 000元，获利3 000元；2010年9月25日发放贷款20 000元，获利3 000元；2010年10月28日发放贷款30 000元，获利800元。

五、向临澧县安福镇居民陈某某发放贷款5笔，共计人民币45 000元，获利共计人民币14 000元。其中，2009年12月27日发放贷款5 000元；2009年12月31日发放贷款10 000元；2010年1月6日发放贷款10 000元；2010年2月1日发放贷款10 000元；2010年2月2日发放贷款10 000元。以上五笔贷款共计获利人民币14 000元。

六、2010年3月28日向临澧县安福镇居民李某发放贷款10 000元，获利5 800元。

七、向临澧县安福镇居民祝某某发放贷款2笔，共计人民币30 000元，获利共计人民币28 200元。其中，2010年3月18日发放贷款20 000元，获利24 000元；2010年4月30日发放贷款10 000元，获利4 200元。

八、向临澧县安福镇护城村村民胡某某发放贷款3笔，共计人民币50 000元，获利共计人民币6 300元。其中，2010年4月11日发放贷款10 000元，获利300元；2010年4月15日发放贷款30 000元，获利1500元；2010年7月28日发放贷款10 000元，获利4 500元。

九、向临澧县安福镇居民裴某某发放贷款2笔，共计人民币20 000元，获利共计人民币5 000元。其中，2010年6月21日发放贷款10 000元，获利3 000元；2010年8月14日发放贷款10 000元，获利2 000元。

十、向临澧县佘市桥镇居民吴某某发放贷款2笔，共计人民币60 000元，获利共计人民币7 000元。其中，2010年7月15日发放贷款30 000元，获利3 000元；2010年8月6日发放贷款30 000元，获利4 000元。

十一、向临澧县杨板乡李阳村村民熊某某发放贷款2笔，共计人民币20 000元，获利共计人民币5 100元。其中，2010年9月14日发放贷款10 000元，获利2 600元；2010年11月2日发放贷款10 000元，获利2 500元。

法院认为：

被告人杨某某、赵某违反国家规定，非法从事发放贷款的金融业务活动，扰乱金融市场秩序，情节严重，其行为已构成非法经营罪。公诉机关指控的罪名成立，本院予以支持。在共同犯罪中，二人均起了主要作用，均是主犯，均应当按照其所参与的全部犯罪处罚。被告人杨某某、赵某归案后均如实供述自己的罪行，均可以从轻处罚。根据被告人杨某某、赵某的犯罪情节和悔罪表现，对其适用缓刑确实不致再危害社会，可以宣告缓刑。据此，根据《中华人民共和国刑法》第二百二十五条第（四）项，第二十五条第一款，第二十六条第一款、第四款，第六十七条第三款，第五十二条，第五十三条，第七十二条，第七十三条第一款、第三款的规定，判决如下：

一、被告人杨某某犯非法经营罪，判处拘役六个月，缓刑一年，并处罚金人民币二十四万元；

二、被告人赵某犯非法经营罪，判处拘役六个月，缓刑一年，并处罚金人民币二十四万元。（缓刑考验期限，从判决确定之日起计算。所判罚金于判决发生法律效力后十日内缴纳。被告人杨某某、赵某应当自判决发生法律效力之日起10日内，持刑事判决书到居住地司法所报到，接受社区矫正。）

2. 案例②　倪某某、唐某某非法经营案

案情简介：

2011年8月、9月，被告人倪某某、唐某某在未经国家有关部门许可，无金融许可证的情况下，成立公司进行存取款业务。同年9月30日，倪某某、唐某某共同出资设立建湖九日农业发展有限公司（以下简称九日公司），经营范围为蔬菜、果树、谷物种植及有机肥料、不再分装的原包装农作物种子销售。自2011年10月至2011年12月，被告人倪某某、唐某某吸收存款合计2 920 184元，放贷合计1 215 000元，已收取贷款利息18 543元。案发后，被告人倪某某、唐某某主动到公安机关投案自首，并已退还所有存款。

法院认为：

被告人倪某某、唐某某违反国家规定，非法从事金融业务，扰乱市场秩序，情节严重，其行为已触犯刑律，构成非法经营罪。公诉机关指控被告人倪某某、唐某某犯非法经营罪的主要事实清楚，证据确实、充分，指控的罪名成立，本院予以支持。起诉书指控两被告人非法放贷的数额包含贷款时扣收的利息 79 350 元，该笔金额应从犯罪数额中核减。被告人倪某某、唐某某系共同犯罪。被告人倪某某、唐某某犯罪以后主动投案，如实供述自己的罪行，系自首，可以从轻处罚。根据两名被告人的犯罪事实及其表现，可对其适用缓刑。据此，依照《中华人民共和国刑法》第二百二十五条、第二十五条第一款、第六十七条第一款、第七十二条第一、三款、第七十三条第二、三款、第五十二条、第五十三条的规定，判决如下：

一、被告人倪某某犯非法经营罪，判处有期徒刑一年六个月，缓刑二年，并处罚金人民币四万五千元。

二、被告人唐某某犯非法经营罪，判处有期徒刑一年六个月，缓刑二年，并处罚金人民币四万五千元。

（上述二名被告人的缓刑考验期限，均从判决确定之日起计算。罚金限判决生效后十日内缴纳。）

平台禁止向借款用途为投资股票市场等高风险的融资提供信息中介服务

股票配资属于对证券公司的特许经营业务，对股票种类、配资杠杆等有严格的监管和法律规定。网贷平台不得通过自主开发相关融资服务系统等形式，为客户与他人、客户与客户之间的融资融券活动提供任何便利和服务。

法律依据

1.《暂行办法》

第十条第（十一）款 网络借贷信息中介机构不得从事或者接受委托从事下列活动：……（十一）向借款用途为投资股票、场外配资、期货合约、结构化产品及其他衍生品等高风险的融资提供信息中介服务。

2.《证券公司融资融券业务管理办法》

第三条 证券公司开展融资融券业务，必须经中国证券监督管理委员会（以下简称证监会）批准。未经证监会批准，任何证券公司不得向客户融资、融券，也不得为客户与客户、客户与他人之间的融资融券活动提供任何便利和服务。

3.《证券公司融资融券业务管理办法》

第九条 获得批准的证券公司应当按照规定，向公司登记机关申请业务范围变更登记，向证监会申请换发《经营证券业务许可证》。

取得证监会换发的《经营证券业务许可证》后，证券公司方可开展融资融券业务。

4.《刑法》

第二百二十五条 【非法经营罪】违反国家规定，有下列非法经营行为之一，扰乱市场秩序，情节严重的，处五年以下有期徒刑或者拘役，并处或者单处违法所得一倍以上五倍以下罚金；情节特别严重的，处五年以上有期徒刑，并处违法所得一倍以上五倍以下罚金或者没收财产：……（三）未经国家有关主管部门批准非法经营证券、期货、保险业务的，或者非法从事资金支付结算业务的；

相关案例：林某甲非法经营案

案情简介：

2011 年 3 月至 2012 年 3 月，被告人林某甲成立福州市鹏翔软件开发有限公司（以下简称鹏翔公司），在未经国家证监部门批准，没有证券经营资质的情况下，代理福州立阜投资咨询有限公司提供的瑞富平台的股票网络交易平台，以汇入资金可放大为 10 倍资金的方式，让客户陈某、夏某将炒股资金共计人民币 103.8888 万元先后汇入被告人林某甲指定的郑某甲、郑某乙名下银行账户进行虚拟股票买卖，并向客户收取操作金额千分之三的手续费以及万分之一至万分之五的留仓费等费用进行盈利。其间，被告人林某甲非法获利人民币 12 万元。

2014 年 5 月 26 日，被告人林某甲向公安机关投案。

法院认为：

被告人林某甲违反国家规定，未经国家证券管理部门批准非法经营证券业务，数额为人民币103.8888万元，扰乱市场秩序，情节严重，其行为已构成非法经营罪。公诉机关指控被告人林某甲犯非法经营罪的罪名成立。被告人林某甲犯罪后自动投案，并如实供述自己的罪行，系自首，可以从轻处罚。到案后，被告人林某甲退出全部违法所得，酌情从轻处罚。依照《中华人民共和国刑法》第二百二十五条第三款，第六十七条第一款，第六十四条，第七十二条第一款、第三款，第七十三条第二款、第三款的规定，判决如下：

（一）被告人林某甲犯非法经营罪，判处有期徒刑一年，缓刑二年，并处罚金人民币十二万元。（缓刑考验期从判决确定之日起计算。罚金已缴纳。）

（二）被告人林某甲退出的非法所得人民币十二万元予以没收，上缴国库。

平台禁止从事股权众筹等业务

众筹是个人、组织以及企业，包括初创企业通过在线门户（即众筹平台）筹集资本为其活动进行融资或再融资的一种方式。股权众筹本质上是一种公开发行股票的方式，而公开发行股票关系到广大投资者的保护及证券金融市场的健康发展，因而受到证券法等证券监管法律的规制，因此，公司不能擅自公开发行股票，否则可能构成刑事犯罪。

法律依据

1.《暂行办法》

第十条第（十二）款 网络借贷信息中介机构不得从事或者接受委托从事下列活动：……（十二）从事股权众筹等业务。

2.《刑法》

第一百七十九条 【擅自发行股票、公司、企业债券罪】未经国家有关主管部门批准，擅自发行股票或者公司、企业债券，数额巨大、后果严重或者有其他严重情节的，处五年以下有期徒刑或者拘役，并处或者单处非法募集资金金额百分之一以上百分之五以下罚金。

单位犯前款罪的，对单位判处罚金，并对其直接负责的主管人员和其他直接责任人员，处五年以下有期徒刑或者拘役。

第二百二十五条 【非法经营罪】违反国家规定，有下列非法经营行为之一，扰乱市场秩序，情节严重的，处五年以下有期徒刑或者拘役，并处或者单处违法所得一倍以上五倍以下罚金；情节特别严重的，处五年以上有期徒刑，并处违法所得一倍以上五倍以下罚金或者没收财产：（一）未经许可经营法律、行政法规规定的专营、专卖物品或者其他限制买卖的物品的；（二）买卖进出口许可证、进出口原产地证明以及其他法律、行政法规规定的经营许可证或者批准文件的；（三）未经国家有关主管部门批准非法经营证券、期货、保险业务的，或者非法从事资金支付结算业务的；（四）其他严重扰乱市场秩序的非法经营行为。

3.《非法集资司法解释》

第六条　未经国家有关主管部门批准，向社会不特定对象发行、以转让股权等方式变相发行股票或者公司、企业债券，或者向特定对象发行、变相发行股票或者公司、企业债券累计超过 200 人的，应当认定为刑法第一百七十九条规定的“擅自发行股票、公司、企业债券”。构成犯罪的，以擅自发行股票、公司、企业债券罪定罪处罚。

第七条　违反国家规定，未经依法核准擅自发行基金份额募集基金，情节严重的，依照刑法第二百二十五条的规定，以非法经营罪定罪处罚。

相关案例

1. 案例①　某某传媒筹资案

案情简介：

2013 年初，某某传媒在淘宝店“某某会员卡在线直营店”出售会员卡，购买会员卡就是购买公司原始股，单位凭证为 1.2 元，最低认购单位为 100 股，只需要花 120 元下单就可以成为持有该公司

100 股的原始股东。

随后，该行为被证监会叫停，并要求其退还部分款项。某某传媒也公开承认其在淘宝出售会员卡募集资金的行为不合适，原因是现阶段某某传媒为“有限责任公司”，因而不具备公开募股的主体条件。

2. 案例② 上海××有限公司、郑某擅自发行股票罪

案情简介：

被告单位上海××有限公司于 1997 年 4 月成立，注册资金为人民币 3 400 万元，股东包括 2 家单位和 16 名自然人。被告人郑×系上海××有限公司的法定代表人兼董事长，持股比例为 44%。2001 年 12 月，上海××有限公司为筹集研发资金，由郑×提议经股东会同意，委托中介公司及个人向社会不特定公众转让自然人股东的股权。此后直到 2007 年 8 月期间，由郑×负责联系并先后委托上海新世纪投资有限公司（以下简称新世纪公司）、上海天成投资实业公司（以下简称天成公司）、王存国、周震平、黄浩等个人，转让郑×及其他自然人股东的股权。由郑×和中介人员具体商定每股转让价格为人民币 2～4 元不等，上海××有限公司与受让人分别签订《股权转让协议书》和《回购承诺书》（承诺如果三年内公司不能上市就回购股权），并发放自然人股东缴款凭证卡和收款收据。

经审计，上海××有限公司向社会公众 260 余人发行股票计 322 万股，筹集资金人民币 1 109 万余元，其中有 157 人在上海股权托管中心有限责任公司（以下简称托管中心）托管。募集的资金全部用于安基公司的经营活动和支付中介代理费。

法院认为：

被告单位上海××有限公司未经证券监管部门批准，擅自发行股票，被告人郑×系安基公司直接负责的主管人员，其行为均已构

成擅自发行股票罪。公诉机关指控的犯罪成立，本院予以支持。被告单位与被告人均有自首情节，依法从轻处罚。被告人郑×在前罪判决宣告以后，刑罚执行完毕以前，发现判决宣告以前的犯罪，依法应予数罪并罚。依照《中华人民共和国刑法》第一百七十九条、第六十七条、第六十九条、第七十条、第五十三条、第六十四条的规定，判决如下：

（一）被告单位上海××有限公司犯擅自发行股票罪，判处罚金人民币三十万元。（于判决生效后一个月内缴纳。）

（二）被告人郑×犯擅自发行股票罪，判处有期徒刑二年，维持（2008）六刑初字第82号刑事判决对郑×判处的有期徒刑四年，决定执行有期徒刑五年六个月。（刑期从判决执行之日起计算，判决执行以前先行羁押的，羁押一日折抵刑期一日，即自2007年11月29日起至2013年3月6日止，因前罪被先前羁押的83天已扣除。）

（三）违法所得应予追缴。

平台禁止虚假陈述

平台禁止故意虚构、夸大融资项目的真实性、收益前景，隐瞒融资项目的瑕疵及风险，以歧义性语言或其他欺骗性手段等进行虚假片面宣传或促销等，捏造、散布虚假信息或不完整信息损害他人商业信誉，误导出借人或借款人。

法律依据

1.《暂行办法》

第十条第（十）款 网络借贷信息中介机构不得从事或者接受委托从事下列活动：……（十）虚构、夸大融资项目的真实性、收益前景，隐瞒融资项目的瑕疵及风险，以歧义性语言或其他欺骗性手段等进行虚假片面宣传或促销等，捏造、散布虚假信息或不完整信息损害他人商业信誉，误导出借人或借款人。

2.《中华人民共和国广告法》

第四条 广告不得含有虚假或者引人误解的内容，不得欺骗、误导消费者。

广告主应当对广告内容的真实性负责。

第二十八条 广告以虚假或者引人误解的内容欺骗、误导消费者的，构成虚假广告。

广告有下列情形之一的，为虚假广告：（一）商品或者服务不存在的；（二）商品的性能、功能、产地、用途、质量、规格、成分、价格、生产者、有效期限、销售状况、曾获荣誉等信息，或者服务的内容、提供者、形式、质量、价格、销售状况、曾获荣誉等信息，以及与商品或者服务有关的允诺等信息与实际情况不符，对购买行为有实质性影响的；（三）使用虚构、伪造或者无法验证的科研成果、统计资料、调查结果、文摘、引用语等信息作证明材料的；（四）虚构使用商品或者接受服务的效果的；（五）以虚假或者引人误解的内容欺骗、误导消费者的其他情形。

第三十一条　广告主、广告经营者、广告发布者不得在广告活动中进行任何形式的不正当竞争。

第五十五条　违反本法规定，发布虚假广告的，由工商行政管理部门责令停止发布广告，责令广告主在相应范围内消除影响，处广告费用三倍以上五倍以下的罚款，广告费用无法计算或者明显偏低的，处二十万元以上一百万元以下的罚款；两年内有三次以上违法行为或者有其他严重情节的，处广告费用五倍以上十倍以下的罚款，广告费用无法计算或者明显偏低的，处一百万元以上二百万元以下的罚款，可以吊销营业执照，并由广告审查机关撤销广告审查批准文件、一年内不受理其广告审查申请。

医疗机构有前款规定违法行为，情节严重的，除由工商行政管理部门依照本法处罚外，卫生行政部门可以吊销诊疗科目或者吊销医疗机构执业许可证。

广告经营者、广告发布者明知或者应知广告虚假仍设计、制作、代理、发布的，由工商行政管理部门没收广告费用，并处广告费用三倍以上五倍以下的罚款，广告费用无法计算或者明显偏低的，处二十万元以上一百万元以下的罚款；两年内有三次以上违法行为或者有其他严重情节的，处广告费用五倍以上十倍以下的罚款，广告费用无法计算或者明显偏低的，处一百万元以上二百万元以下的罚款，并可以由有关部门暂停广告发布业务、吊销营业执照、吊销广告发布登记证件。

广告主、广告经营者、广告发布者有本条第一款、第三款规定行为，构成犯罪的，依法追究刑事责任。

第五十六条 违反本法规定，发布虚假广告，欺骗、误导消费者，使购买商品或者接受服务的消费者的合法权益受到损害的，由广告主依法承担民事责任。广告经营者、广告发布者不能提供广告主的真实名称、地址和有效联系方式的，消费者可以要求广告经营者、广告发布者先行赔偿。

关系消费者生命健康的商品或者服务的虚假广告，造成消费者损害的，其广告经营者、广告发布者、广告代言人应当与广告主承担连带责任。

前款规定以外的商品或者服务的虚假广告，造成消费者损害的，其广告经营者、广告发布者、广告代言人，明知或者应知广告虚假仍设计、制作、代理、发布或者作推荐、证明的，应当与广告主承担连带责任。

3.《互联网广告管理暂行办法》

第八条 利用互联网发布、发送广告，不得影响用户正常使用网络。在互联网页面以弹出等形式发布的广告，应当显著标明关闭标志，确保一键关闭。

不得以欺骗方式诱使用户点击广告内容。

未经允许，不得在用户发送的电子邮件中附加广告或者广告链接。

第十六条 互联网广告活动中不得有下列行为：

（一）提供或者利用应用程序、硬件等对他人正当经营的广告采取拦截、过滤、覆盖、快进等限制措施；

（二）利用网络通路、网络设备、应用程序等破坏正常广告数据传输，篡改或者遮挡他人正当经营的广告，擅自加载广告；

（三）利用虚假的统计数据、传播效果或者互联网媒介价值，诱导错误报价，谋取不正当利益或者损害他人利益。

第十八条　对互联网广告违法行为实施行政处罚，由广告发布者所在地工商行政管理部门管辖。广告发布者所在地工商行政管理部门管辖异地广告主、广告经营者有困难的，可以将广告主、广告经营者的违法情况移交广告主、广告经营者所在地工商行政管理部门处理。

广告主所在地、广告经营者所在地工商行政管理部门先行发现违法线索或者收到投诉、举报的，也可以进行管辖。

对广告主自行发布的违法广告实施行政处罚，由广告主所在地工商行政管理部门管辖。

第十九条　工商行政管理部门在查处违法广告时，可以行使下列职权：

（一）对涉嫌从事违法广告活动的场所实施现场检查；

（二）询问涉嫌违法的有关当事人，对有关单位或者个人进行调查；

（三）要求涉嫌违法当事人限期提供有关证明文件；

（四）查阅、复制与涉嫌违法广告有关的合同、票据、账簿、广告作品和互联网广告后台数据，采用截屏、页面另存、拍照等方法确认互联网广告内容；

（五）责令暂停发布可能造成严重后果的涉嫌违法广告。

4.《反不正当竞争法》

第九条　【禁止虚假广告】经营者不得利用广告或者其他方法，对商品的质量、制作成分、性能、用途、生产者、有效期限、产地等作引人误解的虚假宣传。

广告的经营者不得在明知或者应知的情况下，代理、设计、制作、发布虚假广告。

第十四条 【禁止损害商誉】经营者不得捏造、散布虚伪事实，损害竞争对手的商业信誉、商品声誉。

第二十条 【损害赔偿责任】经营者违反本法规定，给被侵害的经营者造成损害的，应当承担损害赔偿责任，被侵害的经营者的损失难以计算的，赔偿额为侵权人在侵权期间因侵权所获得的利润；并应当承担被侵害的经营者因调查该经营者侵害其合法权益的不正当竞争行为所支付的合理费用。

被侵害的经营者的合法权益受到不正当竞争行为损害的，可以向人民法院提起诉讼。

第二十四条 【虚假广告行为的法律责任】经营者利用广告或者其他方法，对商品作引人误解的虚假宣传的，监督检查部门应当责令停止违法行为，消除影响，可以根据情节处以一万元以上二十万元以下的罚款。

广告的经营者，在明知或者应知的情况下，代理、设计、制作、发布虚假广告的，监督检查部门应当责令停止违法行为，没收违法所得，并依法处以罚款。

5.《刑法》

第二百二十二条 【虚假广告罪】广告主、广告经营者、广告发布者违反国家规定，利用广告对商品或者服务作虚假宣传，情节严重的，处二年以下有期徒刑或者拘役，并处或者单处罚金。

6.《非法集资司法解释》

第八条 广告经营者、广告发布者违反国家规定，利用广告为非法集资活动相关的商品或者服务作虚假宣传，具有下列情形之一的，依照刑法第二百二十二条的规定，以虚假广告罪定罪处罚：（一）违法所得数额在10万元以上的；（二）造成严重危害后果或者恶劣社会影响的；（三）二年内利用广告作虚假宣传，受过行政处罚二次以上的；（四）其他情节严重的情形。

明知他人从事欺诈发行股票、债券，非法吸收公众存款，擅自发行股票、债券，集资诈骗或者组织、领导传销活动等集资犯罪活动，为其提供广告等宣传的，以相关犯罪的共犯论处。

相关案例

1. 案例①　上海某某金融信息服务有限公司虚假宣传行政处罚案

案情简介：

上海某某金融信息服务有限公司主要通过设立名为“某某贷”的互联网借贷平台从事P2P业务，为了对外宣传本公司，增加公司业务量，其于2014年2月起在其公司网站对外宣传：某某贷平台“第三方资金托管机制，平台无法挪用投资资金”，以及有以下“成功案例”：

成功案例1：王女士案例简述：于2013年11月底通过aoao贷平台成功融资50万元人民币……

成功案例2：田女士案例简述：于2014年1月中旬底通过aoao贷平台成功融资15万元人民币……

成功案例3：刘先生案例简述：于2014年3月初通过aoao贷平台成功融资10万元人民币……

成功案例4：何女士案例简述：于2014年3月中旬通过aoao贷平台成功融资8万元人民币……

根据上海某某金融信息服务有限公司与第三方支付平台的约定，在特定条件下上海某某金融信息服务有限公司是可以通过支付平台将投资人账户的资金划转至当事人名下银行账户的，故当事人网站上宣称“第三方资金托管，平台无法挪用投资资金”属于虚假宣传；其在网站中关于“王女士”、“田女士”、“刘先生”、“何女士”的四个成功案例是上海某某金融信息服务有限公司借鉴互联网上其他网站的内容并杜撰的案例，故上述宣传的四个成功案例属于虚假宣传。

行政机关认为：

《中华人民共和国反不正当竞争法》第九条第一款明确规定经营者不得利用广告或者其他方法，对商品的质量、制作成分、性能、用途、生产者、有效期限、产地等作引人误解的虚假宣传。因此，当事人的行为违反了《中华人民共和国反不正当竞争法》第九条第一款“经营者不得利用广告或者其他方法，对商品的质量、制作成分、性能、用途、生产者、有效期限、产地等作引人误解的虚假宣传”的规定，构成了经营者利用广告或者其他方法对商品作引人误解的虚假宣传的行为。同时，鉴于当事人对上述违法行为积极整改，其行为符合《中华人民共和国行政处罚法》第二十七条第一款第（一）项“当事人有下列情形之一的，应当依法从轻或者减轻行政处罚：（一）主动消除或者减轻违法行为危害后果的；”所规定的情形，故本案应当考虑对当事人予以从轻处罚。综上，现责令当事人立即改正上述违法行为，根据《中华人民共和国反不正当竞争法》第二十四条第一款“经营者利用广告或者其他方法，对商品作引人误解的虚假宣传的，监督检查部门应当责令停止违法行为，消除影响，可以根据情节处以一万元以上二十万元以下的罚款”的规定，决定从轻处罚如下：

对上海某某金融信息服务有限公司罚款肆万圆整。

2. 案例② 北京某某技术服务有限公司虚假宣传行政处罚案

案情简介：

北京某某技术服务有限公司上海青浦分公司自 2015 年 3 月 9 日起从事 P2P 活动。该公司以在经营场所内摆放展示和对外发放广告宣传册页的方式，推销北京某某技术服务有限公司“行行贷”融资理财产品。该广告宣传册页由北京某某技术服务有限公司设计，并委托他人印制，共计印制了 1 000 份，支付印刷费用 300 元。该广告册页上含有“行行贷合作银行：中国银行 、中国工商银行 、中国建设银行 、交通银行 、招商银行 、中国农业银行、上海银行、兴业银行、平安银行、HSBC 、中信实业银行、中国民生银行 、浙商银行、上海浦东发展银行、广发银行、北京银行、中国光大银行、华夏银行”等宣传内容。经相关银行证明，与北京某某技术服务有限公司及其下属分公司不存在合作关系，因此，该宣传内容与事实不符。至 2015 年 3 月 19 日案发，北京某某技术服务有限公司上海青浦分公司已对外使用了上述广告册页 200 份。

行政机关认为：

北京某某技术服务有限公司上海青浦分公司发放及使用含有不实内容的广告宣传册页的行为，违反了《中华人民共和国反不正当竞争法》第九条第一款的规定，属于作引人误解的虚假宣传行为。依据《中华人民共和国反不正当竞争法》第二十四条第一款的规定，决定作如下处罚：

（一）对北京某某技术服务有限公司上海青浦分公司责令停止违法行为，消除影响；

（二）对北京某某技术服务有限公司上海青浦分公司处罚款叁万圆整。

平台未经批准不得从事资产管理等业务

开展资产管理业务有牌照要求，法律规定的资产管理业务主要有银行理财、公募基金、私募基金、信托计划、券商资产管理计划、保险资产管理等形式。网贷平台未取得相关金融业务资质，不得开展资产管理业务。

法律依据

1.《非法金融机构和非法金融业务活动取缔办法》

第三条 本办法所称非法金融机构，是指未经中国人民银行批准，擅自设立从事或者主要从事吸收存款、发放贷款、办理结算、票据贴现、资金拆借、信托投资、金融租赁、融资担保、外汇买卖等金融业务活动的机构。

第四条 本办法所称非法金融业务活动，是指未经中国人民银行批准，擅自从事的下列活动：

（一）非法吸收公众存款或者变相吸收公众存款；

（二）未经依法批准，以任何名义向社会不特定对象进行的非法集资；

（三）非法发放贷款、办理结算、票据贴现、资金拆借、信托投资、金融租赁、融资担保、外汇买卖；

（四）中国人民银行认定的其他非法金融业务活动。

前款所称非法吸收公众存款，是指未经中国人民银行批准，向社会不特定对象吸收资金，出具凭证，承诺在一定期限内还本付息的活动；所称变相吸收公众存款，是指未经中国人民银行批准，不以吸收公众存款的名义，向社会不特定对象吸收资金，但承诺履行的义务与吸收公众存款性质相同的活动。

第五条　未经中国人民银行依法批准，任何单位和个人不得擅自设立金融机构或者擅自从事金融业务活动。

2.《中华人民共和国证券投资基金法》

第五十一条　公开募集基金，应当经国务院证券监督管理机构注册。未经注册，不得公开或者变相公开募集基金。前款所称公开募集基金，包括向不特定对象募集资金、向特定对象募集资金累计超过二百人，以及法律、行政法规规定的其他情形。公开募集基金应当由基金管理人管理，基金托管人托管。

第九十条　担任非公开募集基金的基金管理人，应当按照规定向基金行业协会履行登记手续，报送基本情况。

第九十一条　未经登记，任何单位或者个人不得使用“基金”或者“基金管理”字样或者近似名称进行证券投资活动；但是，法律、行政法规另有规定的除外。

3.《中华人民共和国商业银行法》

第十一条　设立商业银行，应当经国务院银行业监督管理机构审查批准。

未经国务院银行业监督管理机构批准，任何单位和个人不得从事吸收公众存款等商业银行业务，任何单位不得在名称中使用“银行”字样。

4.《商业银行个人理财业务管理暂行办法》

第四十五条　商业银行开展个人理财业务实行审批制和报告制。

第四十六条 商业银行开展以下个人理财业务，应向中国银行业监督管理委员会申请批准：（一）保证收益理财计划；（二）为开展个人理财业务而设计的具有保证收益性质的新的投资性产品；（三）需经中国银行业监督管理委员会批准的其他个人理财业务。

5.《中华人民共和国信托法》

第四条 受托人采取信托机构形式从事信托活动，其组织和管理由国务院制定具体办法。

6.《信托公司集合资金信托计划管理办法》

第二条 在中华人民共和国境内设立集合资金信托计划（以下简称信托计划），由信托公司担任受托人，按照委托人意愿，为受益人的利益，将两个以上（含两个）委托人交付的资金进行集中管理、运用或处分的资金信托业务活动，适用本办法。

7.《中国银监会信托公司行政许可事项实施办法》

第二条 本办法所称信托公司，是指依照《中华人民共和国公司法》、《中华人民共和国银行业监督管理法》和《信托公司管理办法》设立的主要经营信托业务的金融机构。

第三条 银监会及其派出机构依照本办法和《中国银行业监督管理委员会行政许可实施程序规定》，对信托公司实施行政许可。

第四条 信托公司以下事项须经银监会及其派出机构行政许可：机构设立，机构变更，机构终止，调整业务范围和增加业务品种，董事和高级管理人员任职资格，以及法律、行政法规规定和国务院决定的其他行政许可事项。

8.《中华人民共和国保险法》

第一百零七条 经国务院保险监督管理机构会同国务院证券监督管理机构批准，保险公司可以设立保险资产管理公司。

保险资产管理公司从事证券投资活动，应当遵守《中华人民共和国证券法》等法律、行政法规的规定。

9.《保险资产管理公司管理暂行规定》

第三条 保险资产管理公司是指经中国保监会会同有关部门批准，依法登记注册、受托管理保险等资金的金融机构。

10.《中国保监会关于保险资产管理公司开展资产管理产品业务试点有关问题的通知》

第一条 本通知所称产品是指保险资产管理公司作为管理人，向投资人发售标准化产品份额，募集资金，由托管机构担任资产托管人，为投资人利益运用产品资产进行投资管理的金融工具。产品限于向境内保险集团（控股）公司、保险公司、保险资产管理公司等具有风险识别和承受能力的合格投资人发行，包括向单一投资人发行的定向产品和向多个投资人发行的集合产品。

向单一投资人发行的定向产品，投资人初始认购资金不得低于3 000万元人民币；向多个投资人发行的集合产品，投资人总数不得超过200人，单一投资人初始认购资金不得低于100万元。

11.《证券公司客户资产管理业务管理办法》

第四条 证券公司从事客户资产管理业务，应当依照本办法的规定向中国证监会申请客户资产管理业务资格。未取得客户资产管理业务资格的证券公司，不得从事客户资产管理业务。

相关案例

暂无相关案例。

平台禁止发售理财产品、代销银行理财、券商资管、基金、保险或信托产品

法律依据

1.《暂行办法》

第十条 网络借贷信息中介机构不得从事或者接受委托从事下列活动：……（七）自行发售理财等金融产品募集资金，代销银行理财、券商资管、基金、保险或信托产品等金融产品；……（九）除法律法规和网络借贷有关监管规定允许外，与其他机构投资、代理销售、经纪等业务进行任何形式的混合、捆绑、代理。

2.《证券投资基金销售管理办法》

第五十四条 办理基金销售业务或者办理基金销售相关业务，并向基金销售机构收取以基金交易（含开户）为基础的相关佣金的机构应当向中国证监会派出机构进行注册或者经中国证监会认定。

未经注册并取得基金销售业务资格或者未经中国证监会认定的机构，不得办理基金的销售或者相关业务。任何个人不得以个人名义办理基金的销售或者相关业务。

3.《中华人民共和国保险法》

第一百一十六条 保险公司及其工作人员在保险业务活动中不

得有下列行为：……（八）委托未取得合法资格的机构从事保险销售活动。

4.《互联网保险业务监管暂行办法》

第三条　互联网保险业务的销售、承保、理赔、退保、投诉处理及客户服务等保险经营行为，应由保险机构管理和负责。

第三方网络平台经营开展上述保险业务的，应取得保险业务经营资格。

第六条　保险机构通过第三方网络平台开展互联网保险业务的，第三方网络平台应具备下列条件：（一）具有互联网行业主管部门颁发的许可证或者在互联网行业主管部门完成网站备案，且网站接入地在中华人民共和国境内；（二）具有安全可靠的互联网运营系统和信息安全管理体系，实现与保险机构应用系统的有效隔离，避免信息安全风险在保险机构内外部传递与蔓延；（三）能够完整、准确、及时向保险机构提供开展保险业务所需的投保人、被保险人、受益人的个人身份信息、联系信息、账户信息以及投保操作轨迹等信息；（四）最近两年未受到互联网行业主管部门、工商行政管理部门等政府部门的重大行政处罚，未被中国保监会列入保险行业禁止合作清单；（五）中国保监会规定的其他条件。

5.《中国银行业监督管理委员会办公厅关于信托公司风险监管的指导意见》

第二条第（二）款第3项　规范产品营销。严格执行《信托公司集合资金信托计划管理办法》，防止第三方非金融机构销售风险向信托公司传递。

相关案例：胡某非法经营案

案情简介：

2010 年 11 月到 12 月，马 ×（另案处理）在本市海淀区上地七街国际创业园 2 号院 2 号楼 5B，以英宸公司的名义向永诚财产保险股份有限公司北京分公司购买“公共交通团体人身意外伤害保险”。被告人胡 × 在上述期间任英宸公司销售经理，其在不具备经营保险业务资质的情况下，招聘、组织、指导、管理销售人员以“航空旅客人身意外伤害保险”名义向各地航空售票点或者散客销售，销售所得为人民币 11 万余元。2012 年 7 月 9 日，被告人胡 × 被公安机关抓获。

法院认为：

被告人胡 × 违法国家规定，未经国家有关主管部门批准，伙同他人非法经营保险业务，扰乱市场秩序，情节严重，其行为已构成非法经营罪，应予惩处。北京市海淀区人民检察院指控被告人胡 × 犯有非法经营罪的事实清楚，证据确实充分，指控罪名成立。

关于被告人胡 × 提出的其不知英宸公司不具备保险销售资格、其行为系正常业务行为的辩解，法庭认为，胡 × 在侦查期间的供述以及部分公司职员的证言均承认知道公司无相应保险经营资格，且胡 × 也清楚英宸公司的注册范围中并不包括从事保险中介业务，同时，结合其曾在其他单位从事过保险销售业务，应当知道保险销售业务需具有特定销售资格等情况，足以认定其对英宸公司无相应保险资格的明知，以及非法从事保险业务的主观故意。对于胡 × 提出的控方指控数额过高的辩解，法庭认为，起诉书指控的违法所得数额系胡 × 担任英宸公司销售经理期间公司的销售数额，控方已经将与其无关的销售收入予以排除，其所辩称公司有两个办公地点的辩解，并不影响本案指控事实的认定，故对其上述相关辩解，本院不予采信。

关于被告人胡 × 的辩护人提出的起诉书指控的犯罪数额不当，

胡×的行为不构成非法经营罪的辩护意见，法庭认为，控方指控的胡×非法经营保险业务的犯罪金额，不仅有对应合同、进账单、投保单、银行票据、销售汇总等证据，而且有相关证人的证言予以佐证，足以认定；虽每份保险的具体销售金额不一，但公诉方已经按照存疑有利于被告人原则，统一按照最低销售金额计算，指控的犯罪数额合理有据，并无不当。被告人胡×与其他公司员工互相配合、共同违规销售保险，应对其共同非法经营的全部违法所得承担责任，其个人最终获利多少只是事后利益分赃问题，不影响本案犯罪数额的认定。故对以上辩护意见，本院不予采纳。关于辩护人提出的被告人胡×系从犯的辩护意见，法庭认为，其在公司负责招聘、组织、管理销售人员违规进行保险销售，在犯罪中起着积极作用，不宜认定为从犯。故对于上述辩护意见，本院也不予采纳。

鉴于被告人胡×到案后能如实供认自己的基本罪行，认罪、悔罪态度较好，本院对其依法从轻处罚。辩护人的部分相关辩护意见，本院酌予采纳。

综上，本院依照《中华人民共和国刑法》第二百二十五条第（三）项，第六十七条第三款，第五十三条的规定，判决如下：

被告人胡×犯非法经营罪，判处有期徒刑一年六个月，罚金人民币十二万元。（刑期从判决执行之日起计算。判决执行以前先行羁押的，羁押一日折抵刑期一日，即自2012年7月9日起至2014年1月8日止；罚金限自本判决生效之日起三个月内缴纳。）

平台不得与其他机构、代理销售、经纪等业务进行任何形式的混合、捆绑、代理

网络借贷信息平台是对直接借贷提供信息服务，不得从事非借贷业务服务，不得进行混业经营。

法律依据

《暂行办法》

第十条第（九）款 网络借贷信息中介机构不得从事或者接受委托从事下列活动：……（九）除法律法规和网络借贷有关监管规定允许外，与其他机构、代理销售、经纪等业务进行任何形式的混合、捆绑、代理；

……

相关案例

暂无相关案例。

平台不得进行类资产证券化业务或实现以打包资产、证券化资产、信托资产、基金份额等形式的债权转让行为

类资产证券化业务或实现以打包资产、证券化资产、信托资产、基金份额等形式的债权转让行为，本质上是实现了资产的证券化，目前资产证券化需要进行注册或者备案，交易所的设立也要通过监管部门的批准。另外，网络借贷是个人和个人之间的直接借贷，这种打包资产债权转让的行为并不符合直接借贷的定位。

法律依据

1.《暂行办法》

第二条 本办法所称网络借贷是指个体和个体之间通过互联网平台实现的直接借贷。个体包含自然人、法人及其他组织。网络借贷信息中介机构是指依法设立，专门从事网络借贷信息中介业务活动的金融信息中介公司。该类机构以互联网为主要渠道，为借款人与出借人（即贷款人）实现直接借贷提供信息搜集、信息公布、资信评估、信息交互、借贷撮合等服务。

第十条第（八）款 网络借贷信息中介机构不得从事或者接

受委托从事下列活动：……（八）开展类资产证券化业务或实现以打包资产、证券化资产、信托资产、基金份额等形式的债权转让行为。

2.《中华人民共和国证券法》

第二条 在中华人民共和国境内，股票、公司债券和国务院依法认定的其他证券的发行和交易，适用本法；本法未规定的，适用《中华人民共和国公司法》和其他法律、行政法规的规定。

政府债券、证券投资基金份额的上市交易，适用本法；其他法律、行政法规另有规定的，适用其规定。

证券衍生品种发行、交易的管理办法，由国务院依照本法的原则规定。

第十条 公开发行证券，必须符合法律、行政法规规定的条件，并依法报经国务院证券监督管理机构或者国务院授权的部门核准；未经依法核准，任何单位和个人不得公开发行证券。

有下列情形之一的，为公开发行：

（一）向不特定对象发行证券的；

（二）向特定对象发行证券累计超过二百人的；

（三）法律、行政法规规定的其他发行行为。

非公开发行证券，不得采用广告、公开劝诱和变相公开方式。

3.《证券公司资产证券化业务管理规定》

第六条 资产支持证券可以按照规定在证券交易所、中国证券业协会机构间报价与转让系统、证券公司柜台市场以及中国证监会认可的其他交易场所进行转让。

4.《信贷资产证券化试点办法》

第三条 资产支持证券由特定目的信托受托机构发行，代表特定目的信托的信托受益权份额。资产支持证券在全国银行间债券市场上发行和交易。

相关案例

暂无相关案例。

平台禁止在物理场所进行宣传或者推荐融资项目

网贷平台在物理场所只能进行必要的风险管理及有关监管规定明确的部分必要经营环节，不能进行宣传、推荐融资项目。

法律依据

《暂行办法》

第十条第（四）款 网络借贷信息中介机构不得从事或者接受委托从事下列活动：……（四）自行或委托、授权第三方在互联网、固定电话、移动电话等电子渠道以外的物理场所进行宣传或推介融资项目。

第十六条 网络借贷信息中介机构在互联网、固定电话、移动电话等电子渠道以外的物理场所只能进行信用信息采集、核实、贷后跟踪、抵质押管理等风险管理及网络借贷有关监管规定明确的部分必要经营环节。

相关案例

暂无相关案例。

第三部分

平台所涉民事责任与案例

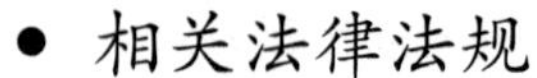

- 相关法律法规

- 相关案例

相关法律法规

居间合同相关规定

《中华人民共和国合同法》

第四百二十四条 居间合同是居间人向委托人报告订立合同的机会或者提供订立合同的媒介服务，委托人支付报酬的合同。

第四百二十五条 居间人应当就有关订立合同的事项向委托人如实报告。

居间人故意隐瞒与订立合同有关的重要事实或者提供虚假情况，损害委托人利益的，不得要求支付报酬并应当承担损害赔偿责任。

第四百二十六条 居间人促成合同成立后，委托人应当按照约定支付报酬。对居间人的报酬没有约定或者约定不明确，依照本法第六十一条的规定仍不能确定的，根据居间人的劳务合理确定。因居间人提供订立合同的媒介服务而促成合同成立的，由该合同的当事人平均负担居间人的报酬。

居间人促成合同成立的，居间活动的费用，由居间人负担。

第四百二十七条 居间人未促成合同成立的，不得要求支付报酬，但可以要求委托人支付从事居间活动支出的必要费用。

借贷业务中网贷平台责任相关规定

《最高人民法院关于审理民间借贷案件适用法律若干问题的

规定》

第二十二条 借贷双方通过网络贷款平台形成借贷关系，网络贷款平台的提供者仅提供媒介服务，当事人请求其承担担保责任的，人民法院不予支持。

网络贷款平台的提供者通过网页、广告或者其他媒介明示或者有其他证据证明其为借贷提供担保，出借人请求网络贷款平台的提供者承担担保责任的，人民法院应予支持。

相关案例

1. 案例① 原告上海点荣金融信息服务有限责任公司与被告李某、黄某、陈某、上海某公司借款合同及保证合同纠纷案

案情简介：

原告系提供借贷居间服务的有限责任公司，其拥有www. dianrong. com网站，出借人与借款人可通过成为该网站会员达成借贷意向。2013年9月29日，被告李某（会员号93519）通过原告网站与会员号为94702等264人达成借款意向，借贷双方根据网站提供的格式文本约定：会员号为94702等264人共计向被告李某出借资金50万元，借款开始日为出借人指定账户划付协议项下借款之日，借款到期日为借款开始后的第12个自然月的借款开始日当日，节假日不顺延，月还款额为46 314.86元，还款方式为等额本息；若借款人在还款日次日起算的7天内未足额还款的，则应按每日万分之五向出借人支付逾期罚息；若借款人逾期支付任何一期还款超过90天或借款人在逾期后出现逃避、拒绝沟通或拒绝承认欠款事实等恶意行为，本协议项下的全部借款本息视同提前到期，借款人应立即清偿本协议项下尚未偿付的全部本金、利息、罚息及根据本协议产生的其他全部费用；若借款人出现逾期还款90天或借款人在逾期后出现逃避、拒绝沟通或拒绝承认欠款事实等恶意行为的，全体出借人一致同意将本协议项下债权无偿转让给原告，由原告统一向借款人追索。该协议成立前，被告黄某、陈某年、上海某公司

通过签订《保证合同》承诺，对李某的还款义务承担连带责任。上述各协议生效后，全体出借人通过原告及第三方支付平台向李某放款50万元，但李某自2013年12月30日开始逾期还款，原告通过电话、短信方式进行催收均未果。2014年7月11日原告通过电子邮件告知被告李某已受让出借人的全部债权。

现全体出借人已根据协议将债权转让给原告，故原告起诉请求判令：（1）被告李某向原告偿还剩余借款本金423 395.83元及利息43 964.14元（暂计至2014年7月4日，要求计算至实际支付日）；（2）被告李某向原告支付罚息46 182.13元（按日万分之五计算，暂算至2014年7月4日，要求计算至实际给付日）及违约金84 679.17元；（3）被告黄某、陈某、上海某公司对被告李某应给付的借款本金、利息、罚息、违约金承担连带保证责任；（4）本案诉讼费、保全费由被告李某、黄某、陈某、上海某公司承担。本案审理中，经法院释明，原告诉讼请求变更为请求判令：（1）被告李某向原告偿还剩余借款本金423 395.83元及截至2014年7月4日的利息43 964.14元；（2）被告李某向原告支付截至2014年7月4日的逾期利息43 698.16元，以及自2014年7月5日起至实际清偿日止的逾期利息（以本息之和467 359.97元为基数，按日万分之五计算）；（3）被告黄某、陈某、上海某公司对上述第（1）、（2）项诉请承担连带保证责任；（4）本案诉讼费、保全费由各被告共同承担。

被告李某辩称：（1）对借款事实及变更后的诉请金额予以认可；（2）但对原告诉讼主体资格有异议，认为借款协议是被告与众出借人通过点荣公司签订的，点荣公司提供的是居间服务，与借款人、出借人之间是居间法律关系，因此不能成为本案的原告；（3）原告平台预先从借款人处扣除了平台居间费，故对借款本金数额如何认定，请法庭酌定；（4）因为经过法院释明，原告放弃主张违约金，并将逾期利息调整为央行同期贷款基准利率四倍以内，故对变更后的该部分诉请予以认可。

被告黄某、陈某、上海某公司均未作答辩。

法院认为：

全体出借人与被告李某通过原告网站达成的《借款协议》，以及被告黄某、陈某、上海某公司分别签订的《保证合同》，均系各方当事人的真实意思表示，应属有效，各方当事人均应恪守约定并按约履行各自的义务。出借人已依约向李某履行了放款义务，李某收款后未按约偿还本息，其行为已构成违约，理应承担清偿本金、偿付利息、罚息之责任。黄某、陈某、上海某公司均承诺对李某的上述债务承担连带保证责任。原告起诉时仍在约定的保证期间和保证范围内，故保证人理应按《保证合同》的约定对李坚强的上述债务承担连带保证责任。黄某、陈某、上海某公司在承担了保证责任后，有权在其保证范围内向李某追偿。

对于被告李某的抗辩意见，本院认为：（1）原告点荣公司作为为出借人和借款人提供借贷咨询和管理服务，促成双方签订借款合同的平台，提供的确系居间服务。然出借人与借款人签订的《借款协议》已明确约定，若借款人出现逾期还款 90 天或借款人在逾期后出现逃避、拒绝沟通或拒绝承认欠款事实等恶意行为的，全体出借人一致同意将本协议项下债权无偿转让给原告，由原告统一向借款人追索。该约定是合同当事人的真实意思表示，于法无悖，本案债权转让也不属于《中华人民共和国合同法》第七十九条所规定的债权转让的除外情形，且原告已于 2014 年 7 月 11 日通过电子邮件形式通知本案被告债权转让的事实，故点荣公司已成为合法债权人，在借款人不履行还款义务时，有权以自己的名义提起诉讼。（2）出借人与借款人的借贷法律关系和网络平台与借款人的居间服务合同关系是不同的法律关系，点荣公司基于居间合同从借款人处扣除居间服务费，属于平台与借款人之间的法律关系，并不能影响出借人的权益，故本案中的居间服务费的性质不属于借款利息，借款本金以出借人实际借出金额 50 万元为计算标准，更符合合同的实质。（3）逾期利息产生于借款人未按约还款的情形，体现了对借款人未按时还款的惩罚性，苛其以加重的责任。违约金作为一种预先设定的违约责任，具有惩罚性与补偿性的双重特质。二者可以同时适用，但累计不应超过中国人民银行同期同类贷款基准利率的四倍。现原告变更诉请，放弃主张违约金，并将逾期利息降为中国人民银行同期同类贷款基准利率的四倍以下，故对原告变更后要求支付逾期利息的诉请，可予支持。

综上所述，原告的诉讼请求，本院均予以支持。被告黄某、陈某、上海某公司经本院合法传唤，无正当理由未到庭应诉，本院依法缺席判决。据此，依照《中华人民共和国合同法》第七十九条、第八十条第一款、第二百零五条、第二百零六条、第二百零七条，《中华人民共和国担保法》第十八条、第二十一条第一款、第三十一条，《最高人民法院关于适用〈中华人民共和国担保法〉若干问题的解释》第四十二条，《中华人民共和国民事诉讼法》第一百四十四条的规定，判决如下：

一、被告李某应于本判决生效之日起十日内支付原告上海点荣金融信息服务有限责任公司借款本金人民币 423 395. 83 元，并支付借款利息人民币 43 964. 14 元；

二、被告李某应于本判决生效之日起十日内偿付原告上海点荣金融信息服务有限责任公司暂计至 2014 年 7 月 4 日止的逾期利息人民币 43 698. 16 元，并偿付自 2014 年 7 月 5 日起至债务清偿之日止的逾期利息（以本息之和人民币 467 359. 97 元为计算基数，按日万分之五计付）；

三、被告黄某、被告陈某、被告上海某公司对上述判决主文第一、二项中确定的被告李某的付款义务承担连带清偿责任，并在承担了保证责任后，有权在其保证责任范围内向被告李某追偿。

2. 案例②　李某甲与李某乙、北京某公司等借款合同纠纷

案情简介：

北京某公司是一家综合性投资担保服务类公司。××××网站是由北京某公司创立并管理的 P2P 网络借贷中介及服务平台，该网站为借贷双方提供中介服务及担保。2014 年 1 月，李某甲在××××网站以本人名义及母亲潘某的名义注册成为投资人，并开立了账户，账户名分别为 rtjally 和 rtpan。开立账户后，李某甲多次向李某乙的账户汇款共计 278 282 元。截至 2015 年 7 月 15 日李某甲投资总额累计 493 258. 13 元。经过李某甲提现后，××××网站中尚有余额 371 080. 07 元。

李某乙系北京某公司的法定代表人。2015 年 1 月 14 日，李某乙向李某甲出具借条，内容为：今李某乙向北京某公司的投资人李某甲（rtjally、rtpan 两个用户名）（附李某甲身份证号）借现金 38. 83 万元整（叁拾捌万捌仟叁佰圆整）。李某乙签字并按手印确认。同日，李某乙向李某甲出具保证书，内容为：保证归还李某甲 38. 83 万元（叁拾捌万捌仟叁佰圆整）归还截止日 2015 年 7 月 15 日，注：归还钱数按照北京某公司电脑实际结算记录结果计算，直至在 2015 年 7 月 15 日前将以上借款全部还清为止。李某乙签字并按手印进行确认。2015 年 6 月 3 日，李某乙为李某甲出具欠条，内容为：本人李某乙（附身份证号）欠李某甲（附身份证号）人民币 375 434. 42 元（大写：叁拾柒万伍仟肆佰叁拾肆元肆角贰分），保证于 2015 年 7 月 15 日前偿还。逾期每日按总金额 1% 交予李某甲滞

纳金。李某乙签字进行确认。到期后李某乙未按照约定偿还借款本金及滞纳金。

另外，该网站上写明了如借款人到期不能按时偿还本息，北京某公司在 15 日后即按网站规则代为偿付，再由本公司向借款人追偿。保证投资人利益不受损失。

本院认为：

合法的借贷关系受法律保护。李某乙在借条中自愿以个人名义偿还借款，而李某甲出借的款项均转入李某乙个人账户内，且北京某公司在其创立的××××网站中承诺：借款人到期不能按时偿还本息，公司代为偿付，再由本公司向借款人追偿，故应由李某乙和北京某公司共同偿还借款。据此，依照《中华人民共和国合同法》第二百零六条、第二百零七条、《中华人民共和国民事诉讼法》第一百四十四条、《最高人民法院关于审理民间借贷案件适用法律若干问题的规定》第二十九条的规定，判决如下：北京某公司、李某乙于本判决生效之日起七日内偿还李某甲截至二〇一五年十一月十一日的借款本金及利息三十六万八千四百八十元零七分。

3. 案例③　原告张某与被告南京亚菲帝诺投资管理有限公司保证合同纠纷

案情简介：

原告张某在被告亚菲帝诺公司运营的网络借贷平台即紫枫信贷（www. zfxindai. cn）注册账户进行投资。2015 年 4 月 16 日，原告张某通过网上投标操作，成功投标案外人郭子奥（用户名为 hengda）通过被告亚菲帝诺公司网络平台发布的“易房贷—房屋抵押贷款 20150415005，借款金额 182 000 元，年利率 21.4%，借款期限六个月”的借款项目，其中原告张某向案外人郭子奥出借 12 200 元。同时，原告张某、案外人郭子奥与被告亚菲帝诺公司签订《网络借贷散标服务协议》，约定：出借人为原告张某（用户名为 jsnjzg）、借款人为案外人郭子奥（用户名为 hengda）、平台服务方为被告亚菲帝诺公司；原告张某向案外人郭子奥出借金额为 12 200 元，借款期限 6 个月，借款利率为年利率 21.4%，还款时间为 2015 年 10 月 16 日，利息为 1 305.4 元，到期应还款项共计 13 505.4 元；如遇案外人郭子奥未按合同约定支付到期应还款项情况，被告亚菲帝诺公司可以根据原告张某的申请先行向原告张某垫付部分资金（具体金额以被告亚菲帝诺公司实际向原告张某垫付的金额为准），被告亚菲帝诺公司向原告张某垫付资金，原告张某接受的行为即视为双方进行了债权转让，三方一致同意被告亚菲帝诺公司取得相应的债权；如案外人郭子奥未按合同约定支付到期应还款项，被告亚菲帝诺公司按标的性质进入垫付程序，即信用借款标逾期后第八天由被告亚菲帝诺公司垫付本金和利息，债权自动转让为被告亚菲帝诺公司所有；企业担保借款标逾期后 24 小时内由担保企业垫付本金和利息还款；个人担保借款标逾期后八天由被告亚菲帝诺公司垫付本金和利息还款，债权自动转化为被告亚菲帝诺公司所有；抵押借款标逾期后 24 小时内由被告亚菲帝诺公司垫付本金和借款利息，债权自动转让为被告亚菲帝诺公司所有。合同签订后，原告张某按约通过紫枫信贷平台向案外人郭子奥出借 12 200 元。2015 年 10 月 16 日，借款到期，案外人郭子奥未能归还借款本金及利息，被告亚菲帝诺公司也未向原告张某承担垫付责任。

另查明：被告亚菲帝诺公司在其网络平台——紫枫信贷宣传网页的“安全保障”一栏中载明：若借款人出现风险导致无法偿还借款，紫枫信贷平台将立刻启动代偿程序。信用标在第八天进入代偿程序。抵押标、担保标、推荐标、净值标在 24 小时内进入代偿程序。紫枫信贷将针对问题标的的具体情况与投资人签署债权转让协议，紫枫信贷将按照约定的代偿范围（代偿本金或代偿本金以及利息），将代偿金转入投资人账户。

法院认为：

原告张某与被告亚菲帝诺公司以及案外人郭子奥签订的《网络借贷散标服务协议》，合法有效，对各方当事人均有法律拘束力。原告张某要求被告亚菲帝诺公司支付到期债权 13 505. 4 元，对此，本院认为，被告亚菲帝诺公司在其经营的网络平台“紫枫信贷”上给投资者提供的安全保障中承诺：若借款人出现风险导致无法偿还借款，紫枫信贷平台将立刻启动代偿程序，抵押标在 24 小时内进入代偿程序，紫枫信贷将根据问题标的具体情况与投资人签署债权转让协议，紫枫信贷将按照约定的代偿范围（代偿本金或代偿本金以及利息），将代偿金转入投资人账户；另原告张某与被告亚菲帝诺公司签订的《网络借贷散标服务协议》也约定：如案外人郭子奥未按合同约定支付到期应还款项，被告亚菲帝诺公司按标的性质进行垫付程序，抵押借款标逾期后 24 小时内由被告亚菲帝诺公司垫付本金和借款利息，债权自动转让为被告亚菲帝诺公司所有。被告亚菲帝诺公司承诺在案外人郭子奥无法偿还借款时启动代偿程序，系对案外人郭子奥的债务进行担保，因对保证方式约定不明，被告亚菲帝诺公司应当对案外人郭子奥的债务承担连带保证责任，故原告张某要求被告亚菲帝诺公司偿还本金及利息共计 13 505. 4 元，符合法律规定，本院予以支持。

原告张某要求被告亚菲帝诺公司支付以 13 505. 4 元为基数，自 2015 年 10 月 17 日至实际支付之日止按照协议约定的 21. 4% 年借款利率计算的逾期付款利息，对此，本院认为，合同对保证担保范围有约定的，应当从约定。《网络借贷散标服务协议》约定被告亚菲帝诺公司的垫付责任只包括借款本金及利息，并未包括逾期付款利息，故原告张某要求被告亚菲帝诺公司支付逾期付款利息的主张，于法无据，本院不予支持。

4. 案例④ 唐某与上海拍拍贷金融信息服务有限公司、李某民间借贷纠纷一审民事判决书

案情简介：

拍拍贷网站（www. pp×××. com）是被告拍拍贷公司运营的网络借贷平台，原告唐某的注册用户名××××××45，被告李某的注册用户名ly××××。2012年12月31日，被告李某通过平台发布"××优质商家信用贷潍坊××××××宾馆经营借款"，金额100 000元，年利率20%，期限12个月的借款需求。原告唐某通过网上投标向被告李某出借8 000元。被告李某的100 000元借款由众多网上出借人投标满额后，由拍拍贷公司对借款人即被告李某提供的材料进行审核评估、收取平台服务费用，并将出借人的借款转入被告李某的银行账户。2013年1月1日，被告李某与包括原告在内的众多出借人在平台上上达成编号为24××××的电子借款协议，并言明该协议是使用了拍拍贷网站的居间服务，并根据拍拍贷网站的《服务协议》、《出借人协议》、《借款人协议》自愿达成并签订的。上述借款协议明确，原告唐某与被告李某的借款金额为8 000元，借款期限12个月，年利率20%，分12期还清，每期还款额（含本金、利息）均为741. 07元，月截止还款日为每月1日，若逾期未还款，则借款人应向出借人支付逾期利息，逾期利率为银行同期贷款利率的四倍。截至2014年2月28日，被告李某已归还分别于2013年2月1日、2013年3月1日到期的两期债务共计1 482. 14元，未归还的十期借款情况为：2013年4月1日应还本金628. 17元、利息112. 90元，逾期利息418. 51元；2013年5月1日应还本金638. 64元、利息102. 43元，逾期利息387. 11元；2013年

6 月 1 日应还本金 649. 28 元、利息 91. 79 元，逾期利息 353. 38 元；2013 年 7 月 1 日应还本金 660. 10 元、利息 80. 97 元，逾期利息 319. 63 元；2013 年 8 月 1 日应还本金 671. 11 元、利息 69. 96 元，逾期利息 283. 24 元；2013 年 9 月 1 日应还本金 682. 29 元、利息 58. 78 元，逾期利息 245. 66 元；2013 年 10 月 1 日应还本金 693. 66 元、利息 47. 41 元，逾期利息 208. 20 元；2013 年 11 月 1 日应还本金 705. 22 元、利息 35. 85 元，逾期利息 167. 93 元；2013 年 12 月 1 日应还本金 716. 98 元、利息 24. 09 元，逾期利息 127. 66 元；2014 年 1 月 1 日应还本金 728. 94 元、利息 12. 13 元，逾期利息 84. 58 元，上述十期借款涉及本金共计 6 774. 39 元、利息共计 636. 31 元、逾期利息 2 595. 90 元。原告唐某与被告拍拍贷公司就本案所涉借款的具体操作细节确认如下：借款人即被告李某在平台上填写信息、发布借款需求，出借人即原告在平台上进行出借操作，如填写出借金额等，形成出借意向。原告在平台上借出 8 000 元时，只知道有借款需求，并不知晓实际借款人姓名为李某。被告李某总的 100 000 元借款由众多网上出借人投标满额后，由拍拍贷公司对被告李某提供的营业执照、户籍资料等材料进行审核，并作为居间人提供网上借款协议，在收取平台服务费用后，将借款转入被告李某的账户。被告李某向原告还款后，由被告拍拍贷公司将还款划到原告在平台上的个人账户内，之后原告还可以向被告拍拍贷公司申请将钱款划到原告的银行账户内。被告拍拍贷公司作为平台提供方，按照一定比例向借款人收取服务费。在借款人发生违约情况时，被告拍拍贷向出借人披露违约方的真实姓名以及其他资料。

法院认为：

原告唐某与被告李某之间的民间借贷合同关系有网上借款协议为证，该民间借贷合同关系明确、合法，应受到法律保护。本案的争议焦点主要在于被告拍拍贷公司是不是该笔借款的还款主体。依据借款协议及原告及被告拍拍贷公司在庭审中的陈述，被告拍拍贷公司在本起借款关系中主要行为是提供平台、审核信息，其地位应为居间人，而非借款方或保证人，原告关于被告拍拍贷公司应承担连带还款责任的请求无依据，本院不予支持。依据《借出人注册协议》，原告在借出钱款时，对不能知晓借款人的真实姓名和地址的情况应属明知，相应风险由其自行负担。剩余借款本金共计6 774.39元、利息共计636.31元，应由被告李某予以偿付。关于逾期利息，原告所主张的每期债务的相应逾期利息，加上借期内的利息，已超出法律规定，相应利息由本院依法予以调整。被告李某不到庭应诉的行为，既是放弃了对原告所主张之事实和证据进行辩驳的权利，也是对自己不负责任的表现，由此所产生的法律后果，应由其自行承担。综上，依照《中华人民共和国合同法》第一百九十六条、第二百零六条、第二百零七条、《中华人民共和国民事诉讼法》第一百四十四条的规定，判决如下：

一、被告李某应于本判决生效之日起十日内归还原告唐某借款本金6 774.39元；

二、被告李某应于本判决生效之日起十日内支付原告唐某以借款628.17元为基数自2013年4月1日起至2014年2月28日止按中国人民银行同类贷款利率四倍计算的利息；

三、被告李某应于本判决生效之日起十日内支付原告唐某以借款638.64元为基数自2013年5月1日起至2014年2月28日止按中国人民银行同类贷款利率四倍计算的利息；

四、被告李某应于本判决生效之日起十日内支付原告唐某以借款649.28元为基数自2013年6月1日起至2014年2月28日止按中国人民银行同类贷款利率四倍计算的利息；

五、被告李某应于本判决生效之日起十日内支付原告唐某以借款 660.10 元为基数自 2013 年 7 月 1 日起至 2014 年 2 月 28 日止按中国人民银行同类贷款利率四倍计算的利息；

六、被告李某应于本判决生效之日起十日内支付原告唐某以借款 671.11 元为基数自 2013 年 8 月 1 日起至 2014 年 2 月 28 日止按中国人民银行同类贷款利率四倍计算的利息；

七、被告李某应于本判决生效之日起十日内支付原告唐某以借款 682.29 元为基数自 2013 年 9 月 1 日起至 2014 年 2 月 28 日止按中国人民银行同类贷款利率四倍计算的利息；

八、被告李某应于本判决生效之日起十日内支付原告唐某以借款 693.66 元为基数自 2013 年 10 月 1 日起至 2014 年 2 月 28 日止按中国人民银行同类贷款利率四倍计算的利息；

九、被告李某应于本判决生效之日起十日内支付原告唐某以借款 705.22 元为基数自 2013 年 11 月 1 日起至 2014 年 2 月 28 日止按中国人民银行同类贷款利率四倍计算的利息；

十、被告李某应于本判决生效之日起十日内支付原告唐某以借款 716.98 元为基数自 2013 年 12 月 1 日起至 2014 年 2 月 28 日止按中国人民银行同类贷款利率四倍计算的利息；

十一、被告李某应于本判决生效之日起十日内支付原告唐某以借款 728.94 元为基数自 2014 年 1 月 1 日起至 2014 年 2 月 28 日止按中国人民银行同类贷款利率四倍计算的利息；

十二、驳回原告唐某的其余诉讼请求。